Rainer Krause

Kreativität. Untersuchungen zu einem problematischen Konzept

»Das Wissenschaftliche Taschenbuch«

Abteilung Geisteswissenschaften

Ausgehend von der Tatsache, daß innerhalb und außerhalb der Psychologie das Thema Kreativität eine zunehmend größere Rolle zu spielen beginnt, wird in der Arbeit zuerst versucht, die gesellschaftlichen Ursachen dieses Vorganges aufzuhellen. Ein Überblick über die Publikationen einiger der wichtigsten Autoren und Forscher dieses Gebietes zeigt, daß die Kreativitätsbewegung eine psychologische Antwort auf das weitverbreitete Unbehagen an den gegenwärtigen Lebensbedingungen darstellt. Hauptangriffspunkte sind die in Elternhaus und Schule gehandhabten Erziehungspraktiken und die dahinterstehenden Einstellungen über Leitvorstellungen für ein »glückliches Leben«.
Auf der Grundlage dieser Analyse versucht der Autor darzustellen, daß die Kreativitätsforschung bis dahin eher programmatischen als empirischen Charakter hatte, und versucht in der Folge ein Konzept zu ententwerfen, das der Komplexität der Prozesse angemessen ist. Obgleich die meisten Forscher heimliche Anleihen bei der psychoanalytischen Theorie machen, wird selten explizit auf FREUDS Vorstellungen zum künstlerischen Prozeß eingegangen, dies wahrscheinlich deshalb, weil FREUDS phylogenetische Spekulationen über die Entwicklung der Kunst wenig wissenschaftlichen Wert haben. Erfolgversprechender ist die versuchte Parallelisierung von Traumprozessen und künstlerischer Betätigung. KUBIES Vorstellungen vom System »Vorbewußt« werden mit den assoziationstheoretischen Kreativitätstheorien von MEDNICK und WALLACH und KOGAN verbunden.
Die empirische Überprüfung der daraus abgeleiteten Hypothesen erfolgt mit den Kreativitätstests von WALLACH und KOGAN. An 200 zehnjährigen Kindern werden insgesamt siebzig Merkmale erhoben und faktorisiert, wobei die Aussagen der Lehrer über die Kinder mit in die Interpretation einbezogen werden.

DR. RAINER KRAUSE ist Wissenschaftlicher Assistent am Psychologischen Institut der Universität Zürich in der Abteilung für klinische Psychologie.

RAINER KRAUSE

Kreativität

Untersuchungen zu einem problematischen Konzept

Mit 5 Abbildungen und 24 Tabellen

»Das Wissenschaftliche Taschenbuch«
Abteilung Geisteswissenschaften

WILHELM GOLDMANN VERLAG MÜNCHEN

 Gesamtherstellung: Friedrich Pustet, Regensburg, Wi/fr. 7023, I. Printed in Germany.
ISBN 3-442-80006-4

Prof. Dr. Günther Mühle
Prof. Dr. Ulrich Moser
Dipl.-Psych. C. Schell
E. Estermann
Dr. U. Baumann
R. Jäckli
V. Blumer
und den Kindern sowie ihren Lehrern
sei an dieser Stelle
für ihre Mitarbeit gedankt.

Zürich, im Frühjahr 1972 Rainer Krause

Vorwort

Nach langen Zeiten großer Enthaltsamkeit hat sich die Psychologie wieder dem anspruchsvollen Thema Denken zugewandt. In einer formalisierenden und quantifizierenden Forschungsrichtung war die ehedem so beliebte Beschäftigung mit dem Wesen des Genies, mit den Gesetzlichkeiten des schöpferischen Prozesses suspekt geworden. Unter dem bescheideneren Titel »Kreativität« sind die alten Fragen wieder aufgetaucht und beanspruchen einen bedeutsamen Platz in der psychologischen Fachliteratur. Bei genauerem Zusehen haben die Kreativitätsforschungen und die Genieuntersuchungen allerdings wenig Gemeinsames. Trotz des anspruchsvollen Themas scheint sich wohltuende Nüchternheit ausgebreitet zu haben.

Dieser Eindruck täuscht jedoch. »Kreativität« hat einiges von der geheimnisvollen Atmosphäre, die die Genies umgeben hat, geerbt. Kreativ sein ist noch wichtiger geworden als *nur* intelligent sein. In der Werbebranche schmücken sich die ganz besonderen Köpfe inzwischen mit dem Titel »Kreativdirektor«. Lateral zu denken, ist sozusagen der zur Zeit letzte Schrei. Wer sich jedoch weiter in die Fachliteratur vertieft, sieht sich bald der erstaunlichen Situation gegenüber, daß dieser allgemeinen Wertschätzung ein geradezu chaotischer Forschungsstand gegenübersteht. Man kann nicht einmal behaupten, daß sich verschiedene theoretische Schulen gegenüberstünden – ein Sachverhalt, mit dem man sich in der Psychologie langsam abgefunden hat. Es sieht eher so aus, als würde unter Verzicht auf große theoretische Erwägungen unbekümmert mit der Identifikation und Förderung der Kreativen begonnen. Wie zu erwarten war, haben die zahllosen Bemühungen dieser Art eher zu einer Vergrößerung der Verwirrung geführt.

Diese paradoxe Situation hat uns zu Beginn der Arbeit* dazu geführt, über die gesellschaftlichen Hintergründe dieses neuen Booms nachzudenken und die reichlich vorhandene programmatische Literatur auf ihre versteckten Zielvorstellungen zu untersuchen. Wir stießen bald darauf, daß die Kreativitätsbewegung eigentlich drei Herkunftsorte aufweist, die nicht einfach auf einen gemeinsamen Nenner zu bringen sind. Ein Teil der vorzufindenden Konfusion ist auf die unterschiedlichen Mischungsverhältnisse dieser drei Motivierungsquellen bei den einzelnen Forschern zurückzuführen.

* Die vorliegende Arbeit wurde vom Fachbereich Sozial- und Verhaltenswissenschaften, Pädagogik der Universität Tübingen als Dissertation angenommen.

Auf der einen Seite steht das Unbehagen einiger Psychologen an den als zu spezifisch erkannten Intelligenztests. Aus diesem Grunde ist man seit Beginn dieser Forschungsrichtung an der Gegenüberstellung von Kreativität und Intelligenz interessiert – eine Dichotomisierung, die sich für die Untersuchungen nicht sehr förderlich erwiesen hat. Das Intelligenzkonzept mit all seinen meßmethodischen Implikationen hat sich auf die Kreativität ausgedehnt. In vielen Aussagen ist die versteckte Vorstellung enthalten, man habe es mit einem neu entdeckten Vermögen zu tun. Die zur Zeit dringlichste Aufgabe ist dementsprechend, die solchermaßen auch Begabten in einem sauberen diagnostischen Meßvorgang zu erfassen und zu fördern. Die zweite – sicher stärkere Quelle für die Kreativitätsbemühungen – ist das Unbehagen an den Zielvorstellungen unserer Erziehung überhaupt. Dem einseitig intelligenten Menschen soll der neue, der kreative Mensch gegenübergestellt werden. Für diesen neuen Typus wird auch der quantifizierende Methodenapparat der Psychologie als nicht adäquat erachtet. So heterogen die Empfehlungen zur Schaffung von Kreativität sein mögen, in der Ablehnung der gegenwärtigen Erziehungsziele und -praxen sind sie sich mehrheitlich einig. Aus dieser Affinität zum neuen Menschen bezieht das Kreativitätskonzept seinen hohen Gebrauchswert für politische Schlagwortargumentationen. Die Durchführung einer Revolution wird dann Kreativität par excellence. Als drittes Moment läßt sich die Fortentwicklung des psychologischen Methodenarsenals für das wachsende Interesse an schöpferischen Prozessen verantwortlich machen. Es scheint heute nicht mehr so undenkbar wie vor einigen Jahren, Denkprozesse komplexer Art auf dem Computer zu simulieren. Damit ist auch diesem Gebiet viel von seinen einstmaligen Geheimnissen genommen, und die Scheu, solche Prozesse psychologisch zu untersuchen, hat einer ganz neuen Begeisterung Platz gemacht.

Nun scheint es aber neben diesen eher psychologieinternen Gründen auch noch gesellschaftliche Änderungsprozesse zu geben, die die Erforschung gerade dieses Gebietes zu einer Aufgabe hoher Dringlichkeit machen. Die Anzeichen, daß sich die im eigentlichen Sinne schöpferischen Prozesse in der Bevölkerung vermindern, sind kaum mehr zu übersehen. Von verschiedenen Seiten wurden Klagen laut, die Nachwuchswissenschaftler seien zwar hochintelligent und gute Techniker, aber eben nicht kreativ. Wahrscheinlich ist diese Misere die Ursache für die weite Verbreitung von Kreativitätstrainingsgruppen in der Industrie, ja sogar in der Armee. Wenn wir im Auge behalten, daß von der Existenz eines wissenschaftlich abgesicherten Schulungsprogrammes kaum die Rede sein kann, ist die große Beliebtheit um so erstaunlicher. Es wird vieler weiterer Forschungsarbeiten bedürfen, um abzuklären, ob die in unserer

Gesellschaft, vor allem in der Mittelschicht, verbreiteten Sozialisierungstechniken nicht gerade das verhindern oder austreiben, was sie später in kompensatorischen Förderungskursen wieder einführen müssen.
Dieser Gedanke war eine der Leitvorstellungen unserer Untersuchung. Wir wollten erfahren, ob die Schule tatsächlich so kreativitätsfeindlich ist, wie von vielen, vor allem anglo-amerikanischen Autoren behauptet wird. Sollte es wirklich stimmen, daß die kreativen Kinder bei den Lehrern so unbeliebt sind, daß ihre Noten wegen ihres kreativen Betragens gedrückt würden? Wenn nun aber Kreativität von der Testintelligenz gar nicht unabhängig wäre – wofür es durchaus empirische Befunde gibt –, wie sollten die Erzieher die Kinder unterscheiden, wie sollten sie der Gefahr ausweichen, sie einmal zu überschätzen und das andere Mal für ungezogen und störend zu halten?
Um diese – und noch viele andere Fragen – empirisch beantworten zu können, war es aber vorher unumgänglich, sich selbst eine Kreativitätstheorie zu bauen. Ein genaues Studium der vorhandenen Tests versetzte uns nämlich in die schwierige Lage, daß wir kaum einen davon mit gutem methodischen und psychologischen Gewissen verwenden konnten. Es ging uns wie McNemar, der seine Begegnung mit der Kreativitätsforschung folgendermaßen umschreibt: »Anyone who peeks over the fence into this field is apt to be astonished at the visible chaos.« (McNemar, 1964) Bei genauerem Zusehen zeigte sich, daß das Chaos zu einem großen Teil Folge der Theorienfeindlichkeit der meisten Testautoren ist. Die Kreativitätsbatterien entstanden durch eine mehr oder weniger begründete Auslese von einigen Tests aus Guilfords Publikationen über divergentes Denken. Die dazugehörige Theorie wurde allerdings nicht übernommen. Vertreten bei Guilford die einzelnen Tests bestimmte Parzellen seines dreidimensionalen Intelligenzmodells, so wird bei den Kreativitätsmessern mit den gleichen Tests ein Summenwert gebildet, wenngleich sich die Korrelationen zwischen den einzelnen Dimensionen mittlerweile nicht erhöht haben.
Nach langer frustrierender Suche nach einer der Komplexität der Prozesse angemessenen Theorie stießen wir auf Rapaports aus der Psychoanalyse stammendes Konzept des Denkens. So bestechend manche seiner Gedanken waren, so wenig waren sie empirisch fundiert. Es scheint bis heute noch fast unüberwindliche Schwierigkeiten zu machen, die psychoanalytischen Konstrukte einer mentalen Innenwelt in beobachtbaren Sachverhalten zu verankern. Einer der wenigen überhaupt möglichen Ansätze ist die freie Assoziation, die von den Psychoanalytikern als Teil der Therapie verwendet wird. Erstaunlicherweise gibt es seit einiger Zeit eine relativ gut entwickelte assoziationstheoretische Konzeption kreativer

Prozesse, die sich allerdings nie auf die psychoanalytische Theorie berufen hat, obgleich einige Aussagen mit denen FREUDS nahezu deckungsgleich sind.
Was wir im ersten Teil unserer Arbeit zu leisten versuchten, war die Verbindung dieser beiden Richtungen. Dies schien uns Voraussetzung für die anschließende Deduktion von genaueren Hypothesen und für die Überprüfung der oben erwähnten schulpsychologischen Fragen. Wir wollen es gleich hier eingestehen, daß uns die erhoffte Integration und die präzise Operationalisierung nicht voll gelungen ist. Die genaueren Gründe wird der Leser selbst entdekken, wir haben sie nicht verheimlicht. Wir sind allerdings der Meinung, daß eine unvollkommene, aber immerhin explizierte Theorie besser ist als eine vielleicht vollkommenere, aber nie dargestellte. Daß die meisten Kreativitätstheoretiker irgendwelche theoretischen Vorstellungen haben, ist nicht von der Hand zu weisen. Nur scheinen sie sie selbst nicht zu kennen.
Wir werden von den positiven und negativen Erfahrungen ausgehend diese Forschungsrichtung weiter verfolgen und sind für konstruktive Hinweise dankbar.

Inhalt

Sollte man einen großen Geist und einen Boxlandesmeister psychotechnisch analysieren, so würden in der Tat ihre Schlauheit, ihr Mut, ihre Genauigkeit und Kombinatorik sowie die Geschwindigkeit der Reaktionen auf dem Gebiet, das ihnen wichtig ist, wahrscheinlich die gleichen sein, ja sie würden sich in den Tugenden und Fähigkeiten, die ihren besonderen Erfolg ausmachen, voraussichtlich auch von einem berühmten Hürdenpferd nicht unterscheiden, denn man darf nicht unterschätzen, wie viele bedeutende Eigenschaften ins Spiel gesetzt werden, wenn man über eine Hecke springt. Nun haben aber noch dazu ein Pferd und ein Boxmeister vor einem großen Geist voraus, daß sich ihre Leistung und Bedeutung einwandfrei messen läßt und der Beste unter ihnen auch wirklich als der Beste erkannt wird, und auf diese Weise sind der Sport und die Sachlichkeit verdientermaßen an die Reihe gekommen, die veralteten Begriffe von Genie und menschlicher Größe zu verdrängen.

ROBERT MUSIL
Der Mann ohne Eigenschaften

A. Sozialpsychologische Analyse des Interesses an der Kreativität

I. Historische Betrachtung

FRIERSON (1969) konstatiert seit der ersten bedeutenden empirischen Untersuchung über schöpferische Begabung von GALTON (1870) eine exponentielle Zunahme der Forschungsvorhaben in diesem Gebiet mit einer kaum mehr zu überblickenden Fülle an Publikationen seit 1960. Ein Schlüsselereignis in dieser Entwicklung stellte der Vortrag von GUILFORD über »Creativity« vor der amerikanischen Psychologengesellschaft im Jahre 1950 dar. In dieser Darstellung versuchte er, an einem Modell, das er später noch ausgebaut hat (GUILFORD 1956), zu zeigen, daß das herkömmliche Intelligenzkonzept nicht den gesamten Rahmen denkenden Handelns abdecken kann. Ehe jedoch diese schwerpunktmäßig theoretischen Betrachtungen Eingang in die pädagogische Praxis fanden, bedurfte es noch vielfältiger gesellschaftlicher Anstöße. So wird bei ULMANN (1968) der »Sputnikschock«, der das amerikanische Selbstverständnis, die wissenschaftlich führende Nation der Welt zu sein, angegriffen habe, als ein solcher Anlaß gesehen.
Eine quantitative Betrachtungsweise, die sich an der Publikationsdichte in einem Forschungsgebiet orientiert, ist aber zur Analyse der eigentlich bestimmenden gesellschaftlichen Faktoren ungeeignet. Sie übersieht die Tatsache, daß zu verschiedenen Zeiten die gleichen Begriffe, auch wenn sie im Gewande der Wissenschaftlichkeit auftreten, sehr verschiedenen Bedeutungsgehalt haben können. Wenn wir die zwei für die Psychologie zentralen Begriffe »Intelligenz« und »Begabung« betrachten, so können wir eine Entwicklung von einem vorwissenschaftlich substanzialisierten Vermögensbegriff über die Verwendung als »construct« bis hin zur gänzlichen Aufgabe des Begriffs konstatieren. Die typische Veränderung des Intelligenzkonzepts ist bei OLERON (1957) dargestellt.

II. Wissenschaftstheoretischer Exkurs

Die Kreativitätsforschung zeichnet sich gegenüber diesen anderen psychologischen Teildisziplinen dadurch aus, daß in der gegenwärtigen Forschungsliteratur nach wie vor das gesamte Spektrum dieser Entwicklung vorzufinden ist. Interessanterweise decken sich diese Entwicklungstendenzen mit bestimmten Phasenabfolgen der

Wissenschaftstheorie, wie sie von HOLZKAMP (1970) beschrieben wurden. Die Mehrzahl der Kreativitätsforscher huldigt nach wie vor, ohne es zu wissen oder zuzugestehen, einem naiven Empirismus[1].

Der Forscher muß nur genau und geduldig genug hinsehen und beobachten, dann wird sich ihm das, was »die Kreativität« ist, schon von selbst zeigen. Da werden zum Beispiel Blicke in die Geheimnisse des »Unbewußten« geworfen (KRIS 1952; KUBIE 1966). Die Konsequenz dieser naiv empiristischen Grundhaltung, die vorwiegend bei den praxisorientierten Forschern zu finden ist, ist eine Vernachlässigung theoretischer Überlegungen.

KUBIES Ausführungen (1966) spiegeln, wie viele psychoanalytische Publikationen, diese naiv empirische Haltung. Andererseits sieht er zumindest das Problem, daß die Ergebnisse der empirischen Forschungen immer komplexer sind als die ursprünglich zu überprüfenden Hypothesen.

»Jeder findet, was er sucht, wenn er solches Material bearbeitet. [Gemeint sind die biographischen Studien schöpferischer Menschen von GHISELIN von 1954.] In den Selbstanalysen dieser sehr verschieden gearteten schöpferischen Menschen finde ich – mit geringfügigen Abstrichen oder Schwerpunktsverlagerungen – eine völlig ausreichende Rechtfertigung für die These, die ich hier verteidige. Ob andere in den gleichen Tatsachen eine Stützung meiner These, ihre Korrektur oder gar ihre Widerlegung sehen wollen, bleibt abzuwarten ... Es sei nur gesagt, daß ich persönlich mich in diesen Arbeiten bestätigt finde. Vielleicht täusche ich mich; doch hoffe ich, daß andere, wenn sie nur vorurteilsfrei an das Material herangehen, meine These bekräftigt sehen mögen.«

Die Problematik der Argumentation von KUBIE liegt darin, daß er sich für vorurteilsfrei hält. KOESTLER (1964), der für sich sicher dieselbe Eigenschaft in Anspruch nehmen möchte, kommt unter Verwendung derselben Quelle zu einem anderen Ergebnis, das mit KUBIES Thesen schwerlich zur Deckung zu bringen ist.

Die Verwirrung auf dem Gebiet der Kreativitätsforschung liegt nicht nur darin begründet, daß es *verschiedene* Theorien gibt, sondern darin, daß man häufig gar keine oder zumindest keine explizit formulierte Theorie verwendet. Aus einem falsch verstandenen Operationalismus heraus wird ohne theoretische Fundierung sofort mit der Identifikation der »Hochkreativen« begonnen. Da aber Operationalisierung nur Sinn hat als Umsetzung eines theoretischen Satzes in eine experimentelle Handlungsanweisung (HOLZKAMP 1964), fehlt den Operationalisierungen der Kreativitätsforscher mit der Theorie auch jede Verbindlichkeit für andere Forscher außerhalb ihrer eigenen, nicht dargestellten, aber implizit vorhandenen Kreativitätstheorie. Ein Überblick über die gegenwärtig kursierenden Kreativitätstests (siehe bei MÜHLE/SCHELL 1970) läßt deutlich werden, daß diese Fülle an Angeboten schwerlich unter ein psychologisches Konzept subsumiert werden kann. Von der Forschungsstrategie her stellen viele der moderneren Kreativitätsarbeiten einen Rückschritt hinter GUILFORDS paradigmatischen Ansatz von 1950 dar. So wird häufig der von GUILFORD theoretisch deduzierte Unterschied zwischen Kreativität und divergentem Denken vernachlässigt, und es werden Tests für divergentes Denken aus der GUILFORDschen Batterie als Operationalisierungen für die »Kreativität« verwendet (AUSUBEL 1968).

III. Kritik an der Kreativitätsforschung

Nun mehren sich allerdings aus sehr unterschiedlichen Lagern die Stimmen der Kritik.
Von *soziologischer* Seite (EDWARDS 1968) wird der Vorwurf laut, daß die überwiegend psychologischen, persönlichkeitszentrierten Eigenschaftsforschungen die Bedeutung des sozialen Umfeldes für Kreativität in doppelter Hinsicht vernachlässigen. So werde das Zustandekommen dieser Eigenschaften als Folge spezifischer Sozialisationsbedingungen nicht genügend berücksichtigt. Zum andern werde die Tatsache vernachlässigt, daß Gesellschaften als solche mehr oder weniger kreativ sein können, ohne daß man diesen Sachverhalt durch die Summation der kreativen Eigenschaften der Mitglieder erklären könne:

»Civilizations, social institutions, formal organizations, and small groups can all be called creative, and this may imply much more than that they include creative individuals.«

Dieses Zitat kann man auf zwei verschiedene Arten verstehen. Einmal können die Kommunikationssysteme einer gesellschaftlichen Einheit so geartet sein, daß keines der Mitglieder kreativ sein kann[2]. Diese Aussage ist allerdings problematisch, da keine Kreativitätsdefinition vorgelegt wird. Andererseits können bestimmte Untergruppen einer Gesellschaft als »Kreativitätsmacher« auftreten, indem sie durch Patronats- und Mäzenatensysteme finanzieller oder ideologischer Provenienz definieren, was ein kreatives Produkt ist (siehe dazu HASKELL 1963). In der sehr engagierten Diskussion um die Verwendung der Kunst als politisches Instrument wird diese Beziehung klarer aufgezeigt als in den im eigentlichen Sinne psychologischen Arbeiten (GORSEN 1969). Wir werden bei der Diskussion der Kriterienproblematik auf den soziologischen Beitrag zurückkommen.
Von seiten *psychologischer* Methodiker wird aus anderen Gründen ebenfalls Kritik an der Kreativitätskonzeption und -forschung laut. Wenn wir von unseren eigenen, von HOLZKAMP (1970) ausgehen-

den wissenschaftstheoretischen Überlegungen absehen, bleibt trotzdem zu konstatieren, daß die Operationalisierungen den Kriterien der Testtheorie in den meisten Fällen nicht genügen. FREEMANN (1966) meint zum Problem der Kreativitätsmessung:

»Available psychological tests of mental ability have been criticized for not measuring creative ability. The criticism is unwarranted, because these tests are not intended to measure it and because the essential nature of the standardized test does not permit individualized or unique responses.«

Die von FREEMANN angeschnittene Problematik, ob die herkömmliche Bauweise und Anwendungsstrategie von psychologischen Tests für das Gebiet der Kreativität überhaupt sachadäquat ist, muß noch genauer diskutiert werden. Die Interkorrelationen zwischen verschiedenen Kreativitätstests sind in vielen Fällen (GETZELS u. JACKSON 1962, FELDHUSEN, DENNY u. CONDON 1965) nicht größer als die Korrelationen zwischen Kreativitätstests einerseits und herkömmlichen Intelligenztests andererseits. Außerdem ist es sehr fraglich, ob das Problem der Reliabilität bei der Art des kreativen Prozesses im traditionellen testtheoretischen Sinne zu lösen ist. YAMAMOTO (1967), dem man das Engagement für Kreativität gewiß nicht absprechen kann, sieht sich im Anschluß an ähnliche Überlegungen zu der Frage genötigt, ob man die Kreativitätstests aus dem Fenster werfen solle. Zwar gibt er unmittelbar darauf eine verneinende Antwort, kann aber seine selbst vorgebrachten methodischen Einwände nicht entkräften.

Die dritte Seite, von der Kritik laut wird, ist eher *philosophisch-anthropologisch* orientiert. In seinem umfassenden Überblick über das Phänomen des Schöpferischen mokiert sich KOESTLER (1964) über die amerikanische Version, fremdes Kulturgut zu adaptieren. Aus dem japanischen Zen-Buddhismus werde ein amerikanischer »instant-zen«. Er bezieht sich auch auf den übergroßen Eifer, mit dem die heterogensten Kreativitätsschulungsprogramme entwickelt und angewendet werden. Anscheinend soll eine Art »Volkskreativität« auf breiter Basis aufgebaut werden[3].

Auf diesen Gesichtspunkt bezieht sich ein weiterer ernst zu nehmender Kritiker, der negative Konsequenzen der »Kreativitätswelle« auf die *pädagogische Praxis* befürchtet.

AUSUBEL befürchtet vor allem, daß ansonsten sehr realistische Lehrer bereits dazu übergehen, illusionäre Vorstellungen über die Förderungsmöglichkeiten schöpferischer Begabungen zu entwickeln (AUSUBEL 1968). Daß gegenwärtig eine Tendenz zur Übernahme inadäquater Vorstellungen über künstlerische Prozesse besteht, zeigt sich unter anderem darin, daß sich Fernkurse zum Erwerb dichterischer Fähigkeiten (»Werden Sie in sechs Monaten Schriftsteller«) großer Beliebtheit erfreuen.

IV. Standort der Kreativitätsforschung im Bereich der Psychologie

Aus der Perspektive dieser vier Kritiker kann man versuchen, den Ort der Kreativitätsforschung im Gesamtbereich der Psychologie zu lokalisieren. Häufig handelt es sich um ein Konzept, dessen Bedingtheit nicht reflektiert wird und das methodisch ungenügend ist, d. h. es ist, wie mir scheint, mehr oder weniger offen, eine »Bewegung«, wenn nicht sogar ein klein wenig eine Heilslehre. Bei BENNIS (1969) wird dieser Erlösungscharakter besonders deutlich. Nach einer kurzen Skizzierung unserer Gesellschaft als einer permanent sich verändernden zeigt er die Gefahren und Vorteile dieses Zustandes auf und stellt anschließend die Frage, welche Art von Menschen für eine solche Gesellschaft geeignet ist.

»Can anyone survive in the temporary society?
Over the years in my work with professionals of all kinds, including literally hundreds of engineers and scientists, I have noticed that people who feel comfortable in such situations have a distinguishable set of characteristics. They are problem solving, dilemma seeking people ...
They have a very high identification with their bare profession and their invisible colleagues not with their immediate jobs ...
Their work motivation is primarily internal, intrinsic to their interests and the task itself ...
They have a high need for collaboration and involvement in a systematic approach to their work ...«

Ohne daß es explizit erwähnt wird, erkennt jeder, der sich mit den Eigenschaftsuntersuchungen von Kreativen beschäftigt hat, in diesen Charakterisierungen unschwer den kreativen Menschen wieder. Ähnlich äußert sich CRUTCHFIELD (1965)[4], wenn er neben pädagogischen und motivationalen Gründen solche sozialer Art für individuellen Unterricht im kreativen Denken angibt. Bei BENNIS (1969) lautet das Glaubensbekenntnis, mit dem die intensiven Forschungsbemühungen zur Kreativität motiviert werden, wie folgt:

»The temporary society has possibilities for creativity, challenge, exciting unpredictability, continuing growth. It also has the potential for increasing alineation, loss of identity, higher divorce rates, executive drop-out, and excelerated human obsolence. As an optimist, I feel things will go the first route: the temporary society already emerging will bring greater human fulfilment than ever before. By the way, the impact on American life will be startling and disruptive.«

Die Argumentation der Befürworter einer intensiven Förderung von kreativen Begabungen geht meist in die Richtung, daß die gegenwärtige und vor allem die zukünftige Gesellschaft dieser Befähigung in hohem Maße bedürfe. Sie geht einher mit einer massiven Kritik an den gegenwärtigen Lehr- und Lernformen in Familie,

Schule und Universität. Nun muß man sich aber logischerweise auch die umgekehrte Frage stellen, ob es nicht gerade die kapitalistische Gesellschaft ist, die aus einer ihr immanenten Logik heraus Kreativität zu einer »Mangelware« gemacht hat. Weil sie so gut sozialisiert, muß das, was ausgetrieben und verhindert wurde, in einem kompensatorischen Förderungsprogramm wieder eingeführt werden. Es gibt eine Vielzahl von ökonomischen Gründen, die eine Vereinheitlichung des Denkens und Handelns der Mitglieder dieser Gesellschaft für wünschenswert erscheinen lassen. Die Ausdehnung des Marktes in immer neue psychologische Dimensionen konfrontiert die für den Absatz Verantwortlichen mit dem Problem, die Bedürfnisse immer größerer Gruppen modifizieren und steuern zu können. So läuft zum Beispiel ein großer Teil der Werbeanstrengungen darauf hinaus, die assoziativen Umfelder zu bestimmten Reizwörtern zu vereinheitlichen. Die konnotative Bedeutung der Bezeichnung eines Produktes soll verändert werden. Aus dieser assoziativen Verbesserung des Begriffsfeldes einer Ware soll der Kaufimpuls folgen.

Nun sind wir aber im Bereich der Veränderung der Assoziationsstrukturen von Bevölkerungsanteilen nicht auf Spekulationen angewiesen, da es Untersuchungen gibt, die einen Vergleich erlauben. Russell u. Meseck (1959) stellten die empirisch gewonnenen Assoziationen einer Stichprobe von deutschen Versuchspersonen denen von Amerikanern und Franzosen gegenüber. Das für unsere Überlegung bedeutsamste Ergebnis ist die Tatsache, daß der Prozentsatz der Amerikaner, die gleich assoziieren, sehr viel größer ist als der der Deutschen und Franzosen[5].

Man kann sich zu Recht fragen, was denn die Assoziationsform mit Kreativität zu tun habe. Aber auch hier sind wir nicht auf Spekulationen angewiesen, da es, wie wir später zeigen werden, eine auf dem Assoziationsvorgang basierende Kreativitätsoperationalisierung gibt (Mednick 1964), deren Validität recht gut gesichert ist. Kreative leeren ihr Assoziationsreservoir langsamer als Nichtkreative. Sie bringen dabei aber insgesamt mehr und vor allem am Ende des Assoziationsvorganges seltenere und originellere Lösungen. Warum gerade diese doch recht spezifisch anmutende Fähigkeit mit kreativem Verhalten überhaupt in engem Zusammenhang steht, werden wir durch die Einbeziehung psychoanalytischer Konzepte zu begründen versuchen. Wichtiger für unsere gesellschaftsbezogenen Überlegungen ist die Tatsache, daß sich die amerikanischen Assoziationsformen in dem Zeitraum von 1910 bis 1950 folgendermaßen verändert haben:

1. Die Häufigkeit der Primärantworten ist um $1/3$ gestiegen.
2. Die nur von einem einzelnen gegebenen Antworten wurden immer seltener.

3. Die drei häufigsten Assoziationen erfassen 1950 $^{2}/_{3}$ aller Antworten. 1910 war es die Hälfte[6].

Der Untersucher (JENKINS 1959) führt diese Vereinheitlichung auf die zunehmende Außengesteuertheit der gegenwärtigen amerikanischen Bevölkerung zurück. HÖRMANN (1967) vertritt die Ansicht, daß die gegenwärtigen deutschen Werte den amerikanischen von 1910 entsprechen. Wie der Soziologe RIESMAN (1961) nachweisen konnte, ist die zunehmende Außengesteuertheit die psychologische Kehrseite eines industrialisierten Wirtschaftssystems.

Das Bedürfnis nach Kreativität folgt also nicht nur aus der gesellschaftlichen Notwendigkeit solcher Denkstile, sondern aus der durch die Gesellschaft bedingten Abnahme der schöpferischen Eigenaktivität der meisten Menschen. Bezeichnenderweise richtet sich der Ruf nach vermehrter Förderung der Kreativität vorwiegend an die Hochschule und an die gesellschaftlich hoch eingestuften Berufe. Es wäre auch einigermaßen paradox, die alltägliche Arbeit an einem Fließband in Teilzeitarbeit kreativ anreichern zu wollen. Hier scheint das Fehlen kreativer Impulse geradezu Voraussetzung für das Durchstehen der Tätigkeit. Vor allem die Großindustrie und die Armee haben das Kreativitätskonzept für ihre Führungskader übernommen.

»Many business organizations are offering such courses for their employees; these include corporations such als General Electric, U.S. Steel, General Motors, Westinghouse and Bell Telephone, all of whom are highly dependent on innovateness in their professional personnel. The military services and the U.S. Veterans Administration have also sponsored workshops, conferences, and in-service training for creative thinking.« (BARRON 1969)

Am raschesten hat die Kreativität in der Werbebranche Eingang gefunden. Hier gibt es bereits die Berufsbezeichnung »Kreativdirektor«.

Von mehreren Autoren wurde eine innere Verwandtschaft zwischen kreativem und antiautoritärem Verhalten festgestellt (DREVDAHL 1964, GETZELS u. JACKSON 1964, KERBS 1970). Daß dies nicht nur eine in politischer Diskussion aufgegriffene, unqualifizierte Behauptung ist, zeigen die Untersuchungen kreativer Männer und Frauen in CRUTCHFIELDS Konformitätsexperiment. Die Versuchspersonen sollen z. B. Vergleiche über die unterschiedliche Länge von drei dargestellten Strichen machen. Die Versuche werden im Gruppenrahmen durchgeführt. Die fünf Vorgänger der Versuchsperson, die ihr Urteil laut abgeben, sind Verbündete des Versuchsleiters. Sie bezeichnen einen eindeutig kürzeren Strich als länger. Die Versuchsperson ist nun in der Zwangslage, ihre Wahrnehmung zu verleugnen oder sich gegen den Gruppenstandard zu sträuben. Sie nimmt dann das Risiko auf sich, als abnorm zu gelten.

In Tabelle 1 sind einige Ergebnisse dieser Konformitätsuntersuchungen dargestellt.

Tabelle 1 Resistance to Conformity Pressures, CRUTCHFIELD Conformity Experiment (aus BARRON 1969)[7]

Group	Number of Ss	Average conformity in percent	Resistance or independence
Males			
1. »More original« research scientists	17	10	90
2. Research scientists (total sample)	45	14	86
3. »Less original« research scientists	17	18	82
4. Engineering Honors Society (seniors)	30	20	80
5. College sophomores, University of California	52	26	74
6. Military officers	50	33	67
Females			
1. Vassar College alumnae (classes of 1929–1930)	50	22	78
2. Mills College »creatives« (seniors)	22	23	77
3. College sophomores, University of California	80	38	62
4. Mills College »controls«	29	41	59

Wie ersichtlich, sind die originelleren Männer und Frauen gegen den Konformitätsdruck resistenter als die weniger kreative Vergleichsgruppe. Bezeichnenderweise zeigen die Offiziere die stärkste Bereitschaft, ihre eigene Wahrnehmung zugunsten der Harmonie mit der Gruppe zu verleugnen. Auf den inneren Zusammenhang zwischen Kreativität und Nonkonformismus werden wir noch genauer eingehen.

Dic kreativen Frauen waren, nach Angaben des Untersuchers, großenteils unglücklich, weil sie in ihren Ehen die kreative Befähigung nicht verwenden konnten. Anscheinend ist Kreativität bei Frauen noch weniger gefragt als bei Männern.

»The story of the marriage was almost always the story of the life, in a way that is conspicuously absent in the life history of creative men; and the story of the marriage was also in large part the story of what fate befell the woman's creative potential.«

Es läßt sich kaum als Zufall bezeichnen, daß der Forscher, der sich als einer der ersten für eine Steigerung der schöpferischen Befähigung der Gesamtbevölkerung aktiv eingesetzt hat, zuerst der Unwissenschaftlichkeit geziehen und dann später aus der Gesellschaft verstoßen wurde. T. LEARY, vormals an der Harvard Universität, galt früher als einer der bedeutendsten Köpfe der Kreativitätsforschung. Er wurde von vielen Anhängern des sogenannten »Untergrundes« zum Wortführer für ein anderes Leben gemacht. Mittlerweile wurde er wegen Rauschgiftbesitzes zu zehn Jahren Gefängnis verurteilt. Der Distriktrichter, der das Urteil verkündete, hat das Strafmaß mit folgendem Satz kommentiert: »Leary ist eine Gefahr für die Allgemeinheit, weil er öffentlich zur Übertretung der Gesetze aufgerufen hat.«[8] Gemeinsam ist den Verfechtern des Drogenkonsums und den Vertretern einer intensiven Kreativitätsbewegung die Unzufriedenheit mit den gegenwärtigen Lösungsansätzen für individuelle und gesellschaftliche Probleme. Seine Ansicht zur Verwendung von Drogen dokumentierte LEARY auf der 5. Utah Creativity Research Conference folgendermaßen:

»... let it suffice for me to say that the drugs are physically save, are psychologically harmless (unless in irresponsible hands and even then the residuals are negligible and debatable), bring about extravagant claims of improvement and insight, usually produce dramatic egotranscendence, and in many cases stimulate creative awareness.«

An anderer Stelle[9] wird diese Einstellung noch deutlicher. LEARY verteidigt die Anwendung von Drogen für diesen Zweck mit großer Vehemenz: Von Künstlern aller Richtungen würden diese Mittel heute verwendet, um die Raum/Zeitgrenzen des Ichs zu überwinden. Nach seinen Schätzungen verwenden heute mehr als die Hälfte der nichtakademischen Dichter, Schriftsteller und Komponisten in den USA chemische Stimulanzien.

Ohne nun die Richtigkeit seiner Aussagen in bezug auf die Verwendung von Drogen in Diskussion zu stellen, lassen diese jedoch erkennen, daß die herkömmliche Kreativitätsbewegung und die von TIMOTHY LEARY initiierte gemeinsam unter den großen Oberbegriff der Veränderung des Bewußtseins zu subsumieren sind. So heterogene Veränderungsmodelle wie die von CRUTCHFIELD (1965), DAVIS (1969) und LEARY (1970) laufen unter dem gemeinsamen Etikett Kreativität. Sie unterscheiden sich wesentlich darin, inwieweit sie den »American Way of Life« als echte Grundlage für die Bewußtseinsveränderung postulieren. Für die einen ist die Kreativitätserziehung eine Freilegung des wie auch immer und wodurch auch immer verdeckten amerikanischen Lebensstils (so bei BENNIS 1969). Für die anderen ist es ein Kampf gegen den echten amerikanischen Wertekanon. LEARY (1964) vertritt die Ansicht, daß wissenschaftliche Bemühungen zur Erforschung und Förderung von schöpferischem Denken und Handeln nur in einer Kultur notwendig werden, die materialistisch und – so Amerika – protestantisch ist. Die Psychologie einer solchen Kultur sei dementsprechend behavioristisch und ebenfalls materialistisch. Sie handle von Anpassung, Normalität, Sozialisierung, Leistung, Fertigkeiten, Symbolmanipulation usw. Kreativität werde synonym mit Erfindung und origineller Produktion verstanden. LEARY glaubt im Lauf seiner Forschungsbemühungen erkannt zu haben, daß diese »westliche« Art der Psychologie zur Erfassung schöpferischer Tätigkeit unangemessen ist:

»We follow here a form of experimentation which is somewhat new and suspect in the West but which is actually the oldest and most traditional form of psychological investigation – the disciplined, systematic expansion of one's own consciousness.«

Es handelt sich also um eine Absage an den Behaviorismus und seine gewollte Vernachlässigung introspektiver Daten. Da nun aber jede Kultur eine ihr affine Psychologie hat, ist es gleichzeitig eine partielle Absage an die Wertematrix dieser Kultur[10]. Was LEARY klar und offen ausspricht, ist in den Begründungen anderer Kreativitätsforscher mehr oder weniger versteckt enthalten: die Auflehnung gegen eine amerikanische Erziehungsvorstellung, die grob vereinfachend mit dem Etikett »to be a good Joe« gekennzeichnet werden kann. McCLELLAND (1967) hat diese angegriffene Wertformel folgendermaßen umschrieben: »Die Amerikaner wollen frei wählen, das zu tun, was andere von ihnen erwarten.« Demnach weist das amerikanische Leben für Außenstehende, worauf auch McCLELLAND im Vergleich zu Deutschland sehr deutlich hinweist, eine gewisse Paradoxie auf, indem einerseits die persönliche Freiheit sehr hoch bewertet wird und andererseits eine der »konformistischsten Zivilisationen aller Zeiten hervorgebracht« wurde[11].
MÜHLE (1970) ist der Meinung, »daß im Umfeld der Kreativitätsforschung eine den deutschen reformpädagogischen Aktivitäten in den ersten Jahrzehnten unseres Jahrhunderts vergleichbare Bewegung entstand«.
Zusammenfassend läßt sich feststellen: Eine wesentliche Ursache für die Dynamik der Kreativitätsforschung ist darin zu sehen, daß sie ein Kristallisationspunkt für das Unbehagen an einer Reihe von Zielvorstellungen der gegenwärtigen Erziehungspraxis geworden ist und gleichzeitig durch das Angebot an Trainings- und Schulungsprogrammen für schöpferisches Denken Abhilfe verspricht. Eine

unter dem Primat der Leistung entwickelte Anpassungsideologie, die in der sozialpsychologischen Literatur unter dem Namen »Außengesteuertheit« fungiert (RIESMAN 1961 u. MCCLELLAND 1967), genügt den Anforderungen eines sich neu konstituierenden Wertekatalogs nicht mehr. So heterogen die Forschungs- und Schulungsansätze im Umfeld der Kreativität sein mögen, so sind sie doch in einem Punkt einig. Die bisherigen erzieherischen Praktiken werden abgelehnt. Besonders eindrücklich tritt diese Haltung bei LOWENFELD zutage. Er ist der Ansicht, daß unsere Erziehung einseitig auf praktisches Wissen ausgerichtet ist. Die Qualitäten, die das Leben wirklich lebenswert machen, nämlich die musischen und schöpferischen Eigenschaften, werden gänzlich vernachlässigt[12].

Von CLARK (1969) wird die systematische Schulung kreativen Denkens und Handelns auch als Abhilfe für eine andere, von vielen beklagte Misere unserer Ausbildungsgänge aufgezeigt: die hohe Spezialisierung intellektueller Problemlösungsstrategien. Bedingt durch das rasche Anwachsen des Wissens in allen Fachgebieten ist die Aneignung dieser hochspezifischen Sachverhalte bereits so schwierig und langwierig geworden, daß für die Koordination und Kommunikation selbst mit Nachbargebieten keine Zeit mehr verbleibt. Anscheinend benötigt man aber zur Lösung dringender gesellschaftlicher Probleme immer notwendiger Individuen bzw. Teams, die die Integration dieser verschiedenen Ansätze leisten können. Ein daraus folgendes, für pädagogisches Handeln wesentliches Ziel ist die systematische Übung von sehr weitreichenden Problemlösungsstrategien. CLARK (1969) definiert deshalb die Aufgaben zukünftiger Erziehungssysteme folgendermaßen:

> »Thus, the task of the educational system is now one of programming a student's mind with the various techniques to program and re-program his own mind so that he can live comfortably and perform efficiently in a dynamic world of computers and space-travel.«

Das Problem des »transfer of training« taucht hier im neuen Gewande wieder auf. So soll das »Center for Interdisciplinary Creativity« in Connecticut folgende Aufgaben lösen: Übung funktional integrierter interdisziplinärer Erziehung und Forschung, die in diesem Kontext als der metaphorische oder analogische Transfer von multidisziplinären Prinzipien und Prozessen von einem Gebiet des Denkens auf andere verstanden werden kann (CLARK 1969).

Die Übereinstimmung dieser Zielvorstellungen mit denen politisch engagierter Gruppen und Forscher scheint nicht zufällig zu sein. So entwickelt HOFFMANN (1969) im deutschen Bereich zum Problem der Spezialisierung des Wissens und den sich daraus für die Universität ergebenden Folgen recht ähnliche Gedanken.

Mit der Nonchalance des politisch engagierten Nichtfachmannes deckt KERBS (1970) die Gefahr auf, »daß es so etwas wie angewandte Kreativität gibt, die sich ohne weiteres in den Dienst bestimmter Herrschafts- und Profitinteressen stellen läßt«. Der Kreativität im Laufstall, in der die frustrationsbedingten Aggressionen systemkonform ausgetobt werden sollen, stellt KERBS eine »schrankenlose Kreativität« gegenüber, die sich darauf verstehe, »ihre soziale Bedingtheit und ihre Artikulationsweise auf einer anderen Ebene erneut zu problematisieren«. Nur eine solche Art der Kreativität verdiene diesen Namen. Die Revolution ist kreatives Verhalten par excellence:

»Was ist denn Revolution, wenn sie nicht radikale Innovation ist, Umstrukturierung der Gesellschaftsordnung nach voraufgegangener bildhafter Vorstellung (Imagination) und theoretischer Ausarbeitung (Antizipation) des angestrebten Neuen?«

Warum eignet sich das Kreativitätskonzept so gut für politische Argumentationen? Wesentlich ist sicher, daß der kreative Mensch ein »anderer«, wenn nicht neuer Mensch in Relation zum alten Nichtkreativen ist – deshalb die Forderung nach schrankenloser Kreativität, die den ganzen Menschen erfaßt. Ein Konzept, das ursprünglich vorpolitisch eher Freiheit im Umgang mit sich selbst meinte, indem man seine eigenen Ideen und Impulse akzeptieren und mit ihnen Neues formen können sollte, ist auf die externen Bedingungen transponiert worden und meint nun Freiheit von gesellschaftlichen Zwängen. Man müsse zuerst eine Gesellschaft schaffen, die Kreativität ertrage, ehe man über bestimmte Sozialisationstechniken kreative Kinder heranbilde und sie in eine dem Schöpferischen feindliche Umwelt entlasse.

»Die Veränderung der Gesellschaft darf nicht allein von der Kreativität erwartet werden, die wir den Kindern heute beibringen, sondern sie muß jetzt schon politisch-praktisch begonnen werden, und zwar nicht zuletzt von den pädagogischen Berufsgruppen aus. Die pädagogische Verantwortung (heute Kinder für morgen erziehen) kann ohne ein entsprechendes politisches Engagement (heute die Gesellschaft verändern) ohnehin nicht getragen werden.« (KERBS 1970)

Der Autor überschätzt zweifellos die Möglichkeiten des Kunsterziehers, zumal die schrankenlose Kreativität des Zeichenunterrichts kaum die erhoffte Transferwirkung auf andere Problem- und Wissensgebiete haben wird[13]. Dies ist auch nicht wünschenswert, da es bei aller Begeisterung für »Kreativität und divergentes Denken« nach wie vor eine Fülle von Problemen gibt, die man in ökonomischer Weise mit konvergentem oder sich sequentiell ablösendem kon- und divergentem Denken bewältigen muß. Die Psychologie ist in recht erheblichem Maße modischen Trends unterworfen. Das jeweils Neue wird aufgrund seiner Neuheit für besonders weitreichend und bedeutsam gehalten.

»Wenn man den Blick nicht auf die psychologischen Methoden, sondern auf die Forschungsinhalte der experimentellen Psychologie richtet, so mag die Psychologie in weiten Bereichen als eine ungeheure Anhäufung von partialisierten Einzelbefunden, kurzlebigen, historisch zufälligen ›modischen‹ Trends erscheinen ...« (HOLZKAMP 1970)

Was hier für die experimentelle Psychologie behauptet wird, ist auch für die pädagogische Psychologie, wenn nicht erwiesen, so doch sehr wahrscheinlich. Nur meinen wir, daß bei der hohen Kommunikationsdichte der pädagogischen Psychologie mit dem alltäglichen Handeln in Schule, Familie und anderen Gruppen von historischer Zufälligkeit keine Rede sein kann. Im Gegenteil, die jeweiligen gesamtgesellschaftlichen Zustände beeinflussen die Fragestellung psychologischer Forschung völlig zu Recht in sehr starkem Maße. Man sollte nur vor Freude über den neuen Ansatz nicht alle alten und deren fruchtbare Fehler vergessen.
Leider hat KERBS eine nicht sehr »kreativitätsfreundliche« Terminologie. Wäre er mit den empirischen Befunden vertraut, wäre er kaum zu der Vorstellung gelangt, daß man Kreativität – so wie das kleine Einmaleins – »beibringen« könne. Eines der entscheidenden Ergebnisse der Kreativitätsforschung ist doch der Befund, daß die gegenwärtig gehandhabten Lehrtechniken kreatives Verhalten nicht fördern bzw. eliminieren (GETZELS u. JACKSON 1962, TORRANCE, DEMOS u. GOWAN 1967).
Die naheliegende politische Verwendungsmöglichkeit des Konstruktes »Kreativität« liegt jedoch nicht nur in der sachlichen Affinität von »Veränderung« und »Kreativität«, sondern auch in der Unbestimmtheit des Konzeptes, die es jedermann, der sich darüber auslassen will, erlaubt, darunter zu verstehen, was er will. Wir werden diesen Gedankengang an einem Schema von HOLZKAMP (1970) verdeutlichen. Es wird dann auch deutlicher, was wir durch die Darstellung der programmatischen Texte verschiedener Autoren aufzeigen wollten. HOLZKAMP unterscheidet vier Klassen, mit denen man den Wert wissenschaftlicher Bemühungen charakterisieren kann:

»1. Bestätigungsgrad empirischer Hypothesen
Das Verfahren, einerseits den nach Lage eines Problems jeweils höchsten Bestätigungsgrad zu gewinnen und andererseits möglichst genaue Gesichtspunkte dafür zu schaffen, wie hoch der Bestätigungsgrad einer Hypothese angesetzt werden kann, ist die Methodik der experimentellen Bedingungsanalyse, also der experimentelle Design und die Interferenzstatistik.

2. Integrationsgrad der übergeordneten Theorien
Der Integrationsgrad bemißt sich nach der Mannigfaltigkeit der in einer Theorie angesprochenen realen Gegebenheiten. Integrationsgrad ist also der Grad der zusammenhangstiftenden Funktion einer Theorie.

3. Der Grad der inneren Relevanz
Mit innerer Relevanz ist die Aussagekraft der jeweiligen empirischen Befunde für die übergeordneten theoretischen Ansätze gemeint...

4. Der Grad der äußeren Relevanz
Mit äußerer Relevanz ist die Bedeutsamkeit, die Wichtigkeit der theoretischen Ansätze selbst gemeint. Er ist unabhängig von der inneren Relevanz, da ja empirische Befunde für eine Theorie maximal aussagekräftig sein können, die selbst völlig bedeutungslos ist. Während die Kriterien 1–3 im Prinzip mit Mitteln der formalen Wissenschaftslogik expliziert und präzisiert werden können, ist die äußere Relevanz nur nach inhaltlichen Gesichtspunkten, mit Bezug auf Forschungsinteressen zu bestimmen.«

Man kann zweifellos zu anderen Klassifizierungsmodellen kommen. Aus allen diesen gegenwärtig sehr notwendigen, mit dem Problem der Spezialisierung und der Wertfreiheit von Forschungsbemühungen verknüpften Überlegungen kann jedoch die Erkenntnis gewonnen werden, daß »sauber« durchgeführte Grundlagenforschung im Bereich der Sozialwissenschaften nicht notwendigerweise die Anwendungsregeln für praktisches Handeln liefert. So kommt AUSUBEL (1968) auf der Basis einer Einteilung wissenschaftlicher Bemühungen in
a) basic-science research
b) extrapolated research in the basic science
c) research at an applied level
zu ähnlichen Schlußfolgerungen über die Relevanz psychologischen Wissens für den praktisch tätigen Psychologen und Pädagogen.
Da bis heute noch keine umfassende Theorie der Kreativität existiert und da zusätzlich nicht selten jede theoretische Argumentation auf der Basis einer positivistischen Grundhaltung zugunsten der programmatischen Überlegungen weggelassen wird, können wir die Bemühungen um die Erforschung der Kreativität schwerpunktmäßig auf der 4. Stufe in HOLZKAMPS Schema lokalisieren. Das Gebot gegenwärtiger Anstrengungen scheint mir nicht mehr darin zu liegen, noch einmal auf die Notwendigkeit dieses Ansatzes hinzuweisen. Wir haben dies zur Genüge getan. Wenn die Kreativitätsforschung nicht als zeit- und gesellschaftsbedingte Modeströmung untergehen soll, ist es jetzt unumgänglich, die drei ersten Werte wissenschaftlichen Handelns nachzuholen und aufzuarbeiten. Dazu ist eine kritische Analyse bestehender Theorien notwendig. Daran anschließend muß das Problem der Übersetzung in experimentelle Sätze, bekannt unter dem Namen Operationalisierung, behandelt werden. Aufgrund des Fehlens theoretischer Aussagen in einem großen Teil der Literatur sind wir zur umgekehrten Vorgehensweise genötigt. Wir müssen aus den verschiedenen Operatio-

nalisierungen die implizit enthaltenen theoretischen Ansätze erst herausfinden. Dies wollen wir im nachfolgenden Teil dieser Arbeit ansatzweise zu leisten versuchen.

B. Die Messung von »Kreativität«

I. Der Operationismus

Das Problem der Suche und der Überprüfung von Kriterien für kreatives Verhalten bzw. für kreative Produkte oder Prozesse kann unter dem umfassenderen Begriff der Operationalisierung abgehandelt werden. Psychologische Theorien sind teilweise genötigt, für ihre Konstrukte Begriffe der Umgangssprache zu verwenden. Mit dem ansteigenden Grad der Formalisierung von Theorien steigt jedoch die Möglichkeit, andere Symbolsysteme zur Darstellung von psychologischen Sachverhalten zu adaptieren. So übernimmt die Sprache der Mathematik eine zunehmend wichtigere Rolle bei der Abbildung psychischer Phänomene und der Hypothesendeduktion. Es gibt namhafte Forscher, die die Verwendung alltagssprachlicher Begriffe zur Kennzeichnung von empirisch gefundenen Sachverhalten psychologischer Art ablehnen. So hatten wir bereits auf den ersten Seiten zu zeigen versucht, daß die alltagssprachlichen substantivierten Vermögensbegriffe mit zunehmender Forschungsintensität und Genauigkeit aufgelöst wurden. RAYMOND B. CATTELL (1965) hat seine faktorenanalytisch gefundenen Persönlichkeitsdimensionen mit selbst ausgedachten Namen versehen. Der Leser seiner Publikationen wird mit Kunstwörtern wie Premsia, Parmia, Threctia konfrontiert. Dieses Verfahren erscheint insofern nicht sehr ökonomisch, als man zur inhaltlichen Auffüllung der Symbole die Operationen, die zu ihrer Gewinnung durchgeführt werden mußten, nachvollziehen sollte. Zumindest kann derjenige, der das Verfahren – hier die Faktorenanalyse – nicht beherrscht, schwerwiegende Irrtümer in der Bewertung der Ergebnisse begehen, wenn er nicht so vorgeht.
Warum erfreut sich der operationale Ansatz trotz einer nicht zu leugnenden Umständlichkeit so großer Beliebtheit in der empirischen Psychologie? Er wurde von P. W. BRIDGMAN (1927) für die Physik entwickelt und war ein Versuch, die sprachlich bedingten Unklarheiten physikalischer Theorien dadurch zu beseitigen, daß man sich nur noch in der Sprache konkreter Operationen verständigte. Später sollten die Operationen nur mehr dazu dienen, die Begriffe, die damit gemeint waren, zu klären und zu präzisieren. Die

Psychologie mit ihrer, gemessen an der Physik, weitaus größeren Sprachverwirrung hat diesen Ansatz begierig aufgenommen, nicht zuletzt deshalb, weil er einigen behavioristischen Grundtendenzen sehr entgegenkam, so zum Beispiel der Nichtzulassung introspektiver Daten. Diese Daten sind begreiflicherweise in Operationen schwer faßbar und fallen deshalb dem Behaviorismus als auch dem Operationalismus zuliebe weg. In späteren Entwicklungsphasen wurde der Operationalismus, der ja letztlich eine Definitionsmethode darstellt, zumindest von BRIDGMAN selbst, nicht mehr so euphorisch beurteilt.

Gerade in der Tatsache, daß er eine Definitionsmethode darstellt, liegt auch seine Unbrauchbarkeit für die Konstituierung einer Kreativitätstheorie. Die Gleichsetzung von Operationalismus mit »empirischer Forschung« überhaupt ist falsch (HOLZKAMP 1964). »Etwas« wird operational definiert. Vor jeder Definition durch Operationen muß dieses Etwas in irgendeiner Art und Weise gegeben sein, auch muß über das weitere Umfeld dieses Sachverhaltes ein wie auch immer gearteter Konsensus zwischen verschiedenen Menschen bestehen. Dieser Konsensus basiert letztlich auf höchst subjektiven, der Beobachtung nicht immer unmittelbar zugänglichen Erlebnissen. Wer nie Angst gehabt hat, kann diesen psychologischen Sachverhalt schwerlich operationalisieren, weil ihm für die Erstellung eines Prägnanzverhältnisses zwischen zu Definierendem und der definierenden Operation die eine Seite fehlt. Umgekehrt könnte man – einen solchen »Unmenschen« vorausgesetzt – durch die Angabe der Operation auch nie das zu Definierende vermitteln, wenn es nicht wenigstens ansatzweise bekannt ist. Wenn wir sagen würden, Angst sei durch die Erreichung eines bestimmten Punktwertes der Manifest Anxiety Scale (TAYLOR 1959) operationalisiert, so wird dieser Angstfreie die verschiedensten Hypothesen entwickeln, was damit definiert sei, was dahinterstecke. Er selbst kann den Fragebogen ohnehin nicht ausfüllen, kann nur die Operation der Beantwortung bestimmter Fragen mit »Ja« oder »Nein« nachvollziehen. Da er aber die Fragen nicht nachvollziehen kann, weil er das Befragte nicht kennt, ist die Operation auf das Ankreuzen von Alternativen reduziert. Das allerdings hat mit Angst nichts mehr zu tun.

Wir wollen damit zum Ausdruck bringen, daß die Operationalisierung eines psychischen Sachverhaltes, aber auch eines Konstruktes als Teil einer Theorie, Kenntnis und einen gewissen Konsensus über das Gemeinte voraussetzt. Das eigentliche Problem liegt ja in dem Nachweis eines Prägnanzverhältnisses zwischen den theoretischen Begriffen und den Begriffen über Operationen. Ein guter Teil der kritischen Reflexionen über empirische Arbeiten beschränkt sich auf den Nachweis, daß die hier vorgenommene Operation doch höchst beliebig und durch eine andere austauschbar sei. Mit dem Konstrukt oder dem psychischen Sachverhalt selbst habe sie nichts gemein. Der Satz, daß Intelligenz sei, was der Intelligenztest messe, war überhaupt nur möglich, weil jeder ohnehin – heimlich – für den Alltagsgebrauch zu wissen glaubt, was Intelligenz ist. Wenn dies nicht so wäre, hätte sich die Frage, was denn ein Intelligenztest sei, kaum vermeiden lassen. Dieser heimliche Konsensus, der zumindest bei der Intelligenz vorfindbar war, fehlt nun bei der »Kreativität« weitgehend.

GROTE ließ Hamburger Lehrer den Begriff »Kreativität« auf dem semantischen Differential einordnen. Es zeigte sich, daß die Streuungen um die Mittelwerte auf den Eigenschaftsskalen unverhältnismäßig groß waren. Sie faßt das Ergebnis folgendermaßen zusammen:

»Der Begriff Kreativität wird von Lehrern unserer Stichprobe (noch) nicht einheitlich und wenig scharf eingeschätzt... Es scheint in der Stichprobe die Tendenz zu bestehen, Kreativität mit Begriffen zu assoziieren, die den Leistungsaspekt betonen, aber auch im Zusammenhang mit einem Begriff wie Originalität gesehen werden.« (GROTE u. Mitarb. 1969)

Dies kann man wohl besser so interpretieren, daß die Lehrer, die mit dem Begriff der Kreativität nichts anfangen können, auf das anscheinend vertraute Konzept von Intelligenz und Leistung zurückgreifen. Aus diesem Grund haben wir es in unserer Untersuchung vermieden, bei Befragungen von Lehrern dieses aus dem Amerikanischen importierte Kunstwort zu verwenden.

II. Die Zugangswege zur »Kreativität«

Es gibt gegenwärtig drei Richtungen, die sich mit der Erforschung von Kreativität beschäftigen. Sie führen zu keiner Konvergenz der Ansätze, da sie für verschiedene Sachverhalte den gleichen Begriff verwenden, nämlich für das kreative Produkt, den kreativen Prozeß und den kreativen Menschen.

MACKINNON (1968) führt noch als mögliche Forschungsrichtung die Untersuchung der kreativen Situation an. Damit meint er wohl die Kennzeichnung der äußeren Umgebung, die in besonderer Weise geeignet ist, bei mehr oder weniger kreativen Menschen den kreativen Prozeß in Gang zu bringen. Man wird aber nicht darauf verzichten können, die Bedingungen der Wirksamkeit einer äußeren Situation in ihre psychologischen Korrelate aufzulösen. Aus diesem Grunde kann man die Untersuchung der »kreativen Situation«, die ja nie per se kreativ ist, sondern in ihrem Einfluß auf Menschen, der des kreativen Menschen und des kreativen Prozesses subsumieren.

Diese verschiedenen Zugangswege sind nicht gleichwertig, sondern im Sinne von Validierungskriterien hierarchisch angeordnet. An oberster Stelle steht das kreative Produkt. Man kann es wohl mit den Mitteln der Psychologie untersuchen; ob aber etwas kreativ oder nicht kreativ ist, ist keine Frage der Psychologie. So setzt eine Psychologie der Ästhetik bereits einen Konsensus über ein Kunstwerk, an dem man die Untersuchung durchführen kann, voraus. Gerade die gegenwärtige Zeit hat zum Beispiel im Problemfeld von Kunst und Pornographie gezeigt, daß die Frage, was künstlerisch wertlos und somit nur pornographisch sei, weitgehend im Sinne von Einstellungen bestimmter Gruppen der Gesellschaft beantwortet wird. Wenn man einen Konsensus über die »Kreativität« eines Produktes erzielt hat, kann man anhand dessen kreative Menschen identifizieren und auf ihre sonstigen Merkmale hin untersuchen, wobei die Untersuchung des kreativen Prozesses eine besondere Art der Merkmaluntersuchung darstellt. Statt einer Inventarisierung der zu einem bestimmten Zeitpunkt vorfindbaren Eigenschaften führt man eine Längsschnittuntersuchung während der Entstehung von etwas »Schöpferischem« durch (P-Technik der Faktorenanalyse).

III. Kreativität als Eigenschaft

Die Mehrzahl der psychologischen Untersuchungen geht aber einen anderen Weg. Es wird sich erst erweisen, ob er Erfolg bringt. »Kreativität« wird als Eigenschaft betrachtet, die man in verschiedenem Grade hat. Die individuelle Ausprägung dieses Merkmals wird mit Hilfe von Tests gemessen, die sich in ihrem Aufbau an der herkömmlichen Testtheorie orientieren. Aufgrund dieser Testwerte unterscheidet man Hochkreative und Niedrigkreative. Der Trennwert kann z. B. der Median sein.
Nun besteht aber zwischen einem aufgrund des Minnesota Test of Creative Thinking von Torrance (1969) hochrangierenden Studenten und einem gleichaltrigen Schriftsteller ein entscheidender Unterschied. Letzterer wird aufgrund seiner literarischen Produktionen von einem gewissen Personenkreis geschätzt. Ersterer wird aufgrund eines Tests, der nach Meinung des Testautors »Kreativität« mißt, für kreativ gehalten. Wollte Torrance die Testergebnisse dieses Hochkreativen publizieren, so würde er kaum einen Verleger finden. Die Betätigung im Rahmen eines Kreativitätstests ist nicht per se kreativ. Kreativitätstests bedürfen korrelativer Validierung an kreativen Menschen, die man aufgrund von kreativen Produkten als solche identifiziert hat. Es mag sein, daß die Eigenschaften, die man benötigt, um hohe Werte in einem Kreativitäts-

test zu erzielen, notwendige Bedingung für schöpferische Betätigung im Leben sind. Sie sind aber auf keinen Fall auch hinreichend. Die Kreativität, die bei Tests gemessen wird, ist also in jedem Fall nur als Messung einer Teildisposition zu einer Leistung zu verstehen, nicht bereits als die Leistung selbst. Dieser Aspekt wird in den meisten Untersuchungen vernachlässigt.

In der Testbatterie von TORRANCE, die den Namen »Minnesota Tests of Creative Thinking« trägt, ist ein Test enthalten, in dem die Versuchspersonen sechs unvollständige graphische Entwürfe möglichst originell vervollständigen sollen. Die Art der Aufgaben ist mit dem WARTEGG-Zeichentest vergleichbar. Die Aufgabe soll innerhalb von zehn Minuten gelöst werden. In der Auswertung taucht neben der Originalität, die mittels einer Ratingskala gemessen wird, ein Maß auf, das »Closure« genannt wird. Gemeint ist die Tendenz zum unmittelbaren Schließen von Gestalten. Kreative sollen dieser Tendenz, die nach Ansicht des Autors zu primitiven Lösungen führt, besser widerstehen können. Es gibt weder einen theoretisch deduzierten noch einen empirisch korrelativ gewonnenen Hinweis dafür, warum dies so sein soll. Das Vorverständnis des Testkonstrukteurs über Kreativität scheint ausschlaggebend zu sein.

Die Konfusion der Kreativitätsdiskussion ist auf eine sehr unheilvolle Vermischung zweier pädagogischer Intentionen zurückzuführen. Wir haben im ersten Teil unserer Überlegungen mit aller Schärfe darauf hingewiesen, daß die Unabhängigkeit und Besonderheit des Denkens gegenwärtig ungenügend gefördert oder sogar unterdrückt wird. Empirische Untersuchungen kreativer Menschen in »living assessments« (BARRON 1959) zeigen, daß alle schöpferisch tätigen Menschen ohne Berücksichtigung des inhaltlichen Feldes, in dem sie sich auszeichnen, diese Eigenschaften aufweisen. Der umgekehrte Schluß, daß alle unabhängig Denkenden kreativ seien, ist jedoch falsch. Er führt zur Vernachlässigung einer notwendigen intensiven Kenntnis des Problemfeldes, auf dem der unabhängig Denkende sich betätigt.

»Although one's education may be unconventional ... it remains true that hard work and dedicated practice are the almost invariable precursers of original and distinctive achievement.« (BARRON 1969)

Man muß das Alte sehr gut kennen, um etwas Neues zu sehen. Die Vernachlässigung dieses Sachverhaltes führt zu dem, was BARRON (1969) in Anlehnung an KOESTLER (1964) spöttisch »instant-creativity« genannt hat. Wir wollen die Bemühungen, die Unabhängigkeit des Denkens zu fördern, nicht in Mißkredit bringen. Wir meinen aber, daß man sich in der Terminologie vergriffen hat, wenn man die in den gegenwärtigen »Kreativitätstests« hochrangierenden Individuen als »kreativ« bezeichnet.

Ausubel (1968) vertritt die Ansicht, daß sich eine tatsächlich kreative Person, wie ein Schriftsteller oder Maler, nicht nur durch einen höheren Score im Kreativitätstest von nicht künstlerisch Tätigen unterscheidet, sondern es gibt auch einen »qualitativen« Unterschied. Damit soll nicht einem neuen Geniekult das Wort geredet, sondern eine unrealistische Beurteilung der Kreativitätsmessung verhindert werden. Kein Test, welcher Art auch immer, mißt Kreativität selbst. Es ist sicher richtig, daß in der gegenwärtigen Gesellschaft ein hohes Maß an Unabhängigkeit und Besonderheit dazu gehört, um künstlerisch tätig zu werden und dies nach außen hin zu dokumentieren. Es ist weiterhin feststellbar, daß diese Unabhängigkeit von vielen Erziehern und Sozialisationsinstanzen als störend empfunden wird. Diese Tendenz muß untersucht und bekämpft werden. Es scheint aber unrealistisch, durch »Schulungskurse« die künstlerische Produktivität von gesellschaftlichen Gruppen anheben zu wollen. Ebenso unrealistisch, weil positivistisch, ist die Annahme, daß mit zunehmender Forschungstätigkeit aufgrund der »Natur der Sache« eine Vereinheitlichung des Konstrukts zu erwarten sei. Dies wird so lange nicht der Fall sein, solange ohne vorgängige theoretische Klärung Tests gebaut werden. Die Definition dessen, was man gemessen hat, wird gegenwärtig nachgeliefert. Torrance (1962) definiert Kreativität wie folgt:

(Creative thinking is the ...) »process of sensing gaps or disturbing, missing elements; forming ideas or hypotheses concerning them; testing these hypotheses; and communicating the results, possibly modifying and retesting the hypothesis.«

Diese Definition erfaßt alle während des Denkprozesses auftauchenden Phasen. Sie ist also weitläufig genug, um nahezu jeden Test darunter zu subsumieren.
Im übrigen haben wir bereits zu Beginn unserer Ausführungen betont, daß die intensive Bearbeitung eines bestimmten Forschungsgebietes häufig zur Aufgabe von substantivisch verstandenen Oberbegriffen, die aus der Alltagssprache übernommen wurden, führt. In der empirischen Kreativitätsforschung zeichnen sich bereits ähnliche Entwicklungen ab, wie wir sie für das Konzept »Intelligenz« und »Begabung« aufgezeigt haben. So plädiert Hitt (1965) für eine Zweifaktorentheorie der Kreativität. Kreatives Verhalten tritt auf beim Zusammentreffen von zwei nahezu unabhängigen Faktoren, die Hitt Originalität und logisches Denken nennt. Kreatives Verhalten ist »eine Kombination von Intuition und Logik, Raten und systematischem Austesten von Neuem und Konventionellem«.
Guilford (1959) hat immer die Ansicht vertreten, daß »Kreativität« keine einheitliche Dimension darstellt. Das von ihm faktoriell nachgewiesene divergente Denken ist mit Kreativität nicht deckungsgleich.

»The mention of factors of fluency, flexibility, and originality in this section (gemeint ist das divergente Denken; Bemerkung des Verfassers) suggests that in the category of divergent thinking we should find the human resources most directly concerned with creative thinking and creative production. We should not forget, however, that other abilities outside the divergent thinking category play significant roles in creative, productive work in everyday life.«

Niemand wird fordern, daß der alltägliche Sprachgebrauch aufgegeben werden muß. Im Rahmen der psychologischen Diskussion wird aber die inhaltliche Auffüllung mit faktoriell reinen Dimensionen zu einer zunehmenden Verfeinerung und Komplexität, wenn nicht Aufgabe des Konstruktes führen.

GUILFORD (1964) hat aus 13 Untersuchungen über die Struktur kognitiver Fähigkeiten eine Korrelationsmatrix errechnet. Von den rund 7000 Koeffizienten war ein Prozentsatz zwischen 17 und 24 von der Größenordnung um Null. Man darf erwarten, daß auch einige der Dimensionen, die zur Entstehung des kreativen Produktes notwendig sind, voneinander unabhängig sind. Der kreative Prozeß ist demnach ein statistisch seltenes Ereignis, weil das gleichzeitige Zusammentreffen von Bedingungen, die nicht kovariieren, von der Anzahl der für das Zustandekommen notwendigen Faktoren abhängig ist.

AUSUBEL (1968) weist ebenfalls auf die Seltenheit kreativer Personen hin[14]. Er vertritt die Ansicht, daß man in der gegenwärtigen Forschungslage, in der die peristatischen Bedingungen kognitiver Prozesse so stark betont werden, nicht in das Extrem verfallen sollte, die doch sicher sehr bedeutsamen genetischen Grundvoraussetzungen völlig außer acht zu lassen. Auf jeden Fall kann man feststellen, daß die steigende Anzahl empirischer Arbeiten bisher nicht zu der erhofften Vereinheitlichung des Konstruktes geführt hat.

»Creativity is one of the vaguest, most ambiguous, and most confused terms in psychology and education today.« (AUSUBEL 1968)

Das Spektrum an Definitionen und Operationalisierungen reicht gegenwärtig von bestimmten Stilen des Assoziierens (MEDNICK 1962) bis zur Selbstrealisierung und -aktualisierung (MASLOW 1959).

IV. Das Relevanzproblem

Unter Relevanz soll hier die innere Relevanz diskutiert werden, nachdem im ersten Teil der Ausführungen bereits über die äußere Relevanz des Konzepts »Kreativität« Aussagen gemacht wurden. Unter »innerer Relevanz« verstehen wir in Anlehnung an HOLZKAMP (1970) die Aussagekraft der jeweiligen empirischen Befunde für die übergeordneten theoretischen Ansätze.

1. Spezifität versus Allgemeinheit der Kriterien

Begreiflicherweise sind die Ansätze, die eine eng umschriebene psychische Funktion, wie zum Beispiel das assoziative Verhalten, zur Operationalisierung verwenden, weiter formalisiert als die vagen, aber umfassenden Konzepte, wie Selbstrealisierung und -aktualisierung. Aus ersteren lassen sich weiters eher überprüfbare Hypothesen deduzieren, die zu einer Art Konstruktvalidierung führen können. Wir werden als Beispiel dafür die Theorie von MEDNICK (1962) eingehender besprechen. Während also der Bestätigungsgrad der empirischen Hypothesen zufriedenstellend ist oder zumindest sein könnte, haben diese auf eng umschriebenen psychischen Funktionen basierenden Ansätze einige Schwierigkeiten mit dem Nachweis, daß sie alle Gegebenheiten, die man aufgrund theoretischer Überlegungen unter Kreativität subsumiert, erfaßt haben.
Ist das Assoziieren, das Verbalverhalten darstellt, konstitutiv für nichtverbales Handeln? Ist der verbal Originelle, Flexible oder Kreative auch in seinem sonstigen Verhalten originell, flexibel und kreativ, zum Beispiel im Umgang mit seinen Mitmenschen oder in der Einrichtung seiner Räume, in der Herstellung von Zeichnungen, Plastiken und was es sonst noch an künstlerischen Produkten nichtsprachlicher Art gibt? Und wie sieht es im Umgang mit sich selbst aus? Kann der, der originell assoziiert, gleichzeitig die weniger vornehmen Impulse seiner eigenen Person wahrnehmen und sie zur Schaffung neuer schöpferischer Dinge verwenden? Oder ist das verbale Verhalten eher kompensatorischer Art, d. h. daß sich im sprachlichen Bereich austobt oder niederschlägt, was im sonstigen Leben aus äußeren oder inneren Gründen verwehrt ist? Zumindest aus der Einstellungsforschung gibt es etliche Befunde für das Auseinanderfallen von kognitiven und verhaltenssteuernden Komponenten von Attitüden. Der im Regelfall (DE FLEUR u. Mitarb. 1958) stärkere Öffentlichkeitsgrad von nichtsprachlichem Verhalten läßt vieles, was geäußert wird, noch lange nicht als verhaltensdeterminierend erscheinen. Dieselbe Frage kann man auch für die Beziehung zwischen Denken und Sprechen stellen. Bis heute ist das Problem, ob die sprachlich geäußerten freien Assoziationen mit den Gedanken zu einem bestimmten Sachverhalt deckungsgleich sind, nicht ausdiskutiert. Die empirischen Untersuchungen aus dem Umkreis einiger projektiver Tests lassen auch hier Bedenken aufkommen. Die psychoanalytische Unterscheidung zwischen latentem und manifestem Trauminhalt trägt diesem Zweifel Rechnung.
Zusammenfassend muß festgestellt werden, daß das Problem der inneren Relevanz in diesen eher eindimensionalen Definitionsansätzen nicht leicht zu lösen ist. AUSUBEL (1968) würde diese Art der Forschungsstrategie wahrscheinlich der »Basic Science Re-

search« subsumieren. Der Bezug zur Forschung auf dem »applied level« ist nicht durch simple Verallgemeinerung herzustellen. Will man Aussagen über die Bedeutung der Kreativität für die Schule machen, so muß man diese Schwierigkeit klar vor Augen haben.
Die sehr umfassenden Konzepte und Definitionen, die Kreativität synonym mit Selbstaktualisierung und -realisierung verstehen, haben andere, nicht minder große Schwierigkeiten. Zwar scheint es auf den ersten Blick unmittelbar einleuchtend, daß Selbstaktualisierung einen zentralen Wert für jeden Menschen darstellt. Wird jedoch über diese prinzipielle Zustimmung hinaus versucht zu definieren, was damit gemeint ist, so beginnen die Schwierigkeiten. Selbst wenn es gelingen sollte, einen definitorischen Konsensus über das, was Selbstaktualisierung und -realisierung ist, zu erreichen – eine höchst unwahrscheinliche Annahme –, so fehlten dann immer noch adäquate Meßverfahren.
Bezeichnenderweise stammen diese Konzepte vorwiegend aus dem Umfeld der Psychoanalyse (zum Beispiel BARRON 1961, Psychotherapy and Creativity) und sind mit der gesamten Problematik der Frage nach psychischer »Gesundheit« und der Gewinnung von Indikatoren für Therapieerfolg belastet. Der Messung dieser höchst subjektiven Phänomene ist mit den Methoden des Behaviorismus und des Operationalismus schwer beizukommen. In der Betrachtung der Beziehungen zwischen Kreativität und Psychotherapie kommt BARRON zu sehr skeptischen Folgerungen hinsichtlich der Gewinnung von Indikatoren für diese umfassenden und sehr subjektiven Konstrukte.

»Science by its method limits itself to appearances of a public or potentially public sort (and in the interests of verification insists upon objectivisation). This works quite well as long as the objects do not have feelings; and it works, though not quite so well, yet well enough for many purposes even when the objects do have feelings. But if the question I am asking myself is ›why was I ever born?‹ or ›why life?‹ there are no objective answers which can be satisfying to me.«

Wenn wir aufgrund einer bestimmten Theorie Aussagen über subjektive Tatbestände machen, nützt die objektivierte Beobachtung allgemein zugänglicher Sachverhalte nicht unmittelbar, weil auch eine festgestellte Kovariation von beobachtbarem Verhalten mit subjektiven Gefühlen nicht induktiv verallgemeinert werden kann. Häufig ist die Existenz des kovariierenden, beobachtbaren Merkmals wohl die notwendige, aber nicht die hinreichende Bedingung für das Vorhandensein eines bestimmten subjektiven Sachverhaltes. Wenn MEDNICK (1963) in einem sonst sehr beachtenswerten Experiment kreatives Verhalten, das er von einer Assoziationstheorie ausgehend operationalisiert, mit einem Bedürfnis nach Neuigkeit erklärt, das die Kreativen besonders auszeichne, so ist unab-

hängig von dem Problem, ob es sich um einen Pleonasmus handelt, in dem zwei analoge Operationalisierungen einander beweisen sollen, die Frage offen, ob mit dem gehäuften Auftreten einer bestimmten Verhaltensabfolge ein Bedürfnis nachgewiesen ist. Beim heutigen Stand der Theorienbildung wird man solche hastigen Schlüsse eher vermeiden. Sie sind der alten Vermögenspsychologie zu sehr verhaftet: Ein adjektivisch beschriebenes Verhalten wird durch die Einführung eines Substantivs als erklärt betrachtet. Kreativität ist Folge eines Bedürfnisses nach Neuigkeit. Genausogut könnte man aber annehmen, daß das Bedürfnis nach Neuigkeit Folge der Kreativität ist. Die Beobachtung der bloßen Kovariation zweier Operationalisierungen läßt keine Entscheidungen für solche theoretischen Überlegungen zu. Unabhängig davon wollen wir an dieser Stelle vor allem darauf hinweisen, daß ein »Bedürfnis«, welcher Art auch immer, letztlich ein höchst subjektives Phänomen ist, das man durch die Operationalisierung in Form der Häufigkeit des Auftretens nicht hinreichend bewiesen hat. Wer in einem theoretischen Satz Aussagen über subjektive Tatbestände macht, muß, soll die experimentelle Anordnung relevant für die theoretischen Sätze sein, auch dort subjektive Bestimmungsstücke einführen, das heißt, er muß den Menschen, den er untersucht, in irgendeiner Art und Weise selbst zu Wort kommen lassen.
Ohne einer inhaltlichen Charakterisierung der verschiedenen Indikatoren vorzugreifen, kann man allgemein feststellen, daß die Produkt- und Verhaltensindikatoren, die sich auf enge Bereiche psychischer Funktionen stützen, im allgemeinen gute testtheoretische Qualifikationsmerkmale aufweisen, zumindest wenn man an die Kriterien, die unter der Reliabilität zu subsumieren sind, denkt. Auswerter- und Durchführungsobjektivität sind, weil die Indikatoren beobachtbar und wegen der geringen Komplexität quantifizierbar sind, einfacher zu erreichen als bei den vieldimensionalen, subjektiven Indikatoren. Die Frage nach der Gültigkeit ist aber unabhängig von dem Problem der Gewinnung eines Validitätskriteriums weit schwieriger zu lösen. Die Komplexität psychischer Prozesse macht es unwahrscheinlich, daß ein so simples Kriterium wie zum Beispiel die Seltenheit von Assoziationen auf ein Reizwort als Hinweis für die Gesamtheit der am Zustandekommen eines schöpferischen Produktes beteiligten psychischen Dimensionen gelten kann. GUILFORD (1967) hat dieses Problem wohl am klarsten gesehen, indem er vor der empirischen Bestätigung aus seinem Modell des Intellekts deduzieren konnte, daß am kreativen Prozeß sehr komplexe, wahrscheinlich voneinander unabhängige Funktionen beteiligt sein müssen.
Es ist einleuchtend, daß ein so vielfältig determinierter Prozeß auch vielfältige Indikatoren erfordert[15]. Man könnte angesichts dieser zu

erwartenden und teilweise bestätigten Komplexität auf den Gedanken verfallen, hier helfe nur die vielgerühmte und -geschmähte Intuition weiter. Damit hat man die Probleme der anderen, weniger homogenen Indikatoren berührt. Die Hauptschwierigkeit der umfassenden Definitionen ist die Umsetzung der theoretischen Aussage in überprüfbare experimentelle Handlungsanweisungen. Einige Wissenschaftler haben diese Schwierigkeit dadurch umgangen, daß sie die gegenwärtige westliche Psychologie für die Untersuchung solcher Phänomene wie Kreativität für inkompetent erklärten (LEARY 1964).

2. Die beiden für die Kreativitätsforschung verwendbaren Wissensbegriffe

LEARY (1964) verwendet für die Erforschung kreativer Prozesse eine Methode, die – nach Meinung des Autors – uralt, aber im amerikanischen Bereich in Vergessenheit geraten ist: die systematische Selbstbeobachtung und Introspektion. HOFSTÄTTER (1966) spricht von den zwei Wissensbegriffen der Psychologie.

»Es geht im einen Fall um die Herstellung einer geschlossenen Ordnung, innerhalb derer sich das Einzelphänomen aus der Struktur des Ganzen versteht. Es geht im anderen Fall um die Verringerung der Domäne des Unbekannten auf Grund berechtigter Erwartungen. Der erste Begriff steht der ›vita contemplativa‹ näher, der zweite der ›vita activa‹. Die Grundhaltungen, die sich hier unterscheiden, haben vielfache Entsprechungen: die liebevolle Schau GOETHES, der sich die Metamorphose der Pflanzen und das Urphänomen der Farbe darbot, gipfelt in einem Verstehen; NEWTONS Analyse zielt auf Voraussagen ab.«

Messung der Kreativität als Eigenschaft ist nicht auf Verstehen aus. Der Eigenschaftsträger wird in seiner Individualität nicht voll berücksichtigt, weil er ja in bezug auf andere Menschen beurteilt und quantifiziert wird. Die Quantifizierung wiederum basiert auf der Messung der gleichen Eigenschaften bei vielen Personen, die sie alle mehr oder weniger haben. Nun soll aber ein Kennzeichen kreativen Verhaltens die Schöpfung von »Neuem« sein. »Creation implies radical novelty, whether making utterly anew or out of nothing.« (BARRON, 1969) Quantifizierung bedarf aber einer vorgängigen Klassifizierung. Ereignisse müssen Zahlen oder anderen Symbolsystemen zugeordnet werden können. Wie soll nun etwas, das radikal neu ist, klassifiziert werden? Wenn etwas in kein kognitives Bezugssystem eingeordnet werden kann, verstehen wir es nicht mehr. Es wird sinnlos.
Vor der radikalen Neuheit versagt auch die verstehende Methode. Die Einmaligkeit des Individuums und seiner Neuschöpfungen kann ich nur in der mir zugänglichen Sprache beschreiben. Die

Feststellung der Einmaligkeit setzt bereits einen Vergleichs- und Urteilsakt mit Bekanntem voraus. Wenn sich die kognitiven Meß- und Bezugssysteme in jeder Hinsicht als inadäquat erweisen, was bei »radikaler Neuheit« der Fall sein muß, geht Kreativität in erlebte »Sinnlosigkeit« über. Das wohl schwerwiegendste und deshalb auch vernachlässigte Problem ist die Suche nach Kriterien für die Beurteilung einer Neuschöpfung als sinnvoll und verstehbar oder als sinnlos.

MEDNICK (1962) charakterisiert kreatives Denken als den Prozeß, bei dem assoziative Elemente in neue Kombinationen umgeformt werden. Diese Neuentstehungen müssen entweder besonderen Bedingungen genügen oder in irgendeiner Art und Weise nützlich sein (»either meet specified requirements or are in some way useful«). Die inhaltliche Konkretisierung dieser Bedingungen ist auf zweierlei Weise erschwert. Einmal ist die Definition der Neuheit abhängig von der Stichprobe, in der die Neuschöpfung auftaucht. Ist etwas Gesagtes, Gedachtes oder Gemachtes nur dann kreativ, wenn es für den erweiterten sozialen Kontext neu ist? Entwicklungspsychologische Betrachtungsweisen legen es eher nahe, auch dann von schöpferischem Verhalten zu sprechen, wenn das begleitende Gefühlserlebnis des Kindes, sofern es kommunizierbar ist, darauf schließen läßt, daß es sich um eine für das Kind neue Schöpfung handelt. Deshalb ist man aber nicht genötigt, in jedem Kind einen kleinen Künstler zu sehen, denn die Neuheit allein macht noch keine Kunst.

3. Neuigkeit und Sinnlosigkeit des kreativen Produkts

Alle Definitionen kreativer Produkte nehmen irgendwie Bezug auf die Neuheit des Entstandenen. Wie MEDNICK (1962) kommt aber keiner der Theoretiker darum herum, neben dieser Neuheit auch »Sinnkriterien« einzubauen. Damit ist zumindest tendenziell das Feld der Psychologie verlassen, weil es sich letztlich um soziale Normen handelt, denen man zustimmen oder die man ablehnen kann[16].
MACKINNON (1968) gibt folgende Merkmale eines kreativen Produkts an:

1. *Neuheit, Originalität,* bezogen auf eine bestimmte Population. Je umfassender diese Population ist, desto kreativer ist das Produkt. Wenn das Entstehende für die ganze Menschheit neu ist, ist es besonders kreativ.

2. *Realitätsangepaßtheit.* Die neue Lösung muß in sinnvoller Weise auf vorhandene Probleme individueller oder gesellschaftlicher Art Bezug nehmen.

3. *Ästhetische Vollkommenheit der Lösung.* Unabhängig von der Realitätsangepaßtheit der neuen und richtigen Lösung muß sie elegant und ästhetisch sein. Für die meisten Probleme gibt es verschiedene Lösungen. Als kreativ sollen nur ästhetische Lösungswege gelten.

4. *Hervorbringung neuer Existenzmöglichkeiten für Menschen durch die Schaffung des kreativen Produkts.* Damit dies geschieht, muß die Idee herkömmliche und akzeptierte Erfahrungsformen des Menschen transzendieren und transformieren, indem neue Prinzipien eingeführt werden. Als Beispiele führt MACKINNON die Einführung der heliozentrischen Theorie von KOPERNIKUS, DARWINS Theorie der Evolution und FREUDS Theorie der Psychoanalyse an.
5. *Ausarbeitung, Realisierung und Kommunikation der zugrundeliegenden Idee.* Das soll heißen, daß das kreative Produkt »gemacht« werden muß. Die Idee muß realisiert werden. Nur wenn sie in irgendeiner Art und Weise kommunizierbar vorliegt, kann sie bewertet werden und anderen Menschen bei ihrer Problemlösung behilflich sein.

Keines dieser Kriterien ist frei von Werturteilen, die selbst wieder von den jeweiligen sozialen Normen abhängig sind. Das dritte Kriterium macht diesen Sachverhalt nur besonders augenfällig. Bereits FECHNER hat sich nicht sehr erfolgreich mit dem Problem der Messung des ästhetischen Erlebens herumgeschlagen. Seither hat es keine sehr umwälzenden Fortschritte theoretischer und methodischer Art auf dem Gebiet der Psychologie der Ästhetik gegeben. Auch zeigt die sehr gefühlsgeladene Bewertung sogenannter moderner Kunst, daß das ästhetische Erleben längst nicht in dem Maße homogen und anthropologisch einheitlich ist, wie es uns manche philosophische Anthropologen glauben lassen möchten (GEHLEN 1961). Wenn wir den Eindruck hoher Einheitlichkeit des Erlebens haben, so ist dies eher eine Folge der Tatsache, daß wir unsere schicht- und berufsspezifische Sichtweite nicht transzendieren können und daß die anderen Kunstkonsumenten, zum Beispiel aus der Arbeiterschicht, keine institutionalisierte Beurteilerschaft wie Kritiker und Feuilletonisten haben. Auch unsere Urteile wären zweifellos sehr viel heterogener, könnten wir uns nicht auf diese Institutionen stützen. Die »Attentate« auf öffentlich ausgestellte Plastiken lassen jedoch vermuten, daß sich gerade hier eine große gesellschaftliche Kluft auftut[17]. METZGER (1954) hat gezeigt, daß man die Diskussion des Ästhetischen eher im Rahmen der Bezugssystemforschung führen sollte. Die unterschiedlichen Bezugssysteme entstehen in der Folge verschiedener Sozialisationsbedingungen. Diese sind umwelt- und schichtabhängig. Ob das ästhetische Erlebnis der Intellektuellen außer dem askribierten Expertenstatus, der aus den Führungsrollen in anderen gesellschaftlichen Gebieten stammt, eine quasi anthropologische Priorität besitzt, scheint fragwürdig. METZGER ist der Ansicht, daß unter dem Einfluß bestimmter Lernwelten die Dimensionalität der Bezugssysteme zur Erfassung und Produktion von künstlerischen schöpferischen Produkten erhöht werden kann. Ob die Vieldimensionalität in jedem Fall »ästhetisch« ist, und wenn ja, ob sie für die intellektuellen Kunstliebhaber der Mittel- und Oberschicht kennzeichnend ist, wage ich nicht zu beantworten. Zusammenfassend kann man konstatieren, daß eine empirische Lösung des Ästhetikproblems im Gebiet der Psychologie momentan nicht zu finden ist.

Auch das so objektiv erscheinende Merkmal der Neuheit ist durch das Problem der Auswahl der zugehörigen Population belastet. Das hat MACKINNON bereits angedeutet, und diese Schwierigkeit wird von allen Autoren gesehen. Für wen soll das Produkt neu sein, wenn es als kreativ gelten soll? Für die Altersgenossen, wie in den meisten testorientierten Untersuchungen an Kindern? Für das Individuum selbst, für die ganze Menschheit, wie es MACKINNON unter Punkt 4 andeutet? Je nach der Beantwortung dieser Frage sind eine Menge Forschungsansätze möglich oder unmöglich. Wollte man MACKINNONS fünf Kriterien für die Kennzeichnung eines kreativen Produkts als notwendig erachten, müßte man bei einer Vielzahl von bereits durchgeführten Untersuchungen zur Schlußfolgerung kommen, daß sie das Thema verfehlt hätten. Dazu kommt, daß das objektiv erscheinende Kriterium der Neuheit nicht einmal hinreichende Bedingung für die Kennzeichnung eines Produktes als kreativ ist, sondern bestenfalls notwendig, weil die Frage nach der Realitätsangepaßtheit nicht gleichzeitig mit der Frage nach der Neuheit beantwortet ist. Von etlichen Untersuchern wurde gerade die Neuheit, beziehungsweise die Ablösung von der realen Vorlage, als einziges oder doch zumindest tragendes Kriterium für Kreativität verwendet. Aus diesem Grund müssen wir auf das Verhältnis von Neuheit und künstlerischem Wert etwas genauer eingehen.

Die einfachste Vorgehensweise ist die, daß man die untersuchte Stichprobe zum Ausgangspunkt dieser Neuheitsdefinition macht. Wenn von 200 Versuchspersonen nur zwei in einer definierten Situation eine bestimmte Idee haben, gilt sie als originell oder neu. Beide Adjektive, die zum Beispiel von WALLACH u. KOGAN (1966) für solche Einfälle benutzt werden, sind unzutreffend. Die einzige Aussage, die wir machen können, ist, daß sie, bezogen auf unsere Stichprobe, *selten* sind. Die Seltenheit eines Ereignisses kann ich durch einen Zählvorgang bestimmen. In die Originalität gehen wiederum komplexe Beurteilungsprozesse ein, auf die wir unten ausführlicher zu sprechen kommen. Unabhängig davon sind natürlich alle statistischen Trennwerte für die verbale Kennzeichnung »selten« beziehungsweise »häufig« letztlich willkürliche Setzungen. Da sie weiters immer von der Stichprobe mitbestimmt werden, ist die statistische Frage nach der Generalisierbarkeit der Befunde auf andere Personen offen. Die Durchführung von Signifikanztests löst dieses Problem allein nicht. So muß man immer vorgängig den Nachweis führen, daß die Person, über die ich Aussagen machen will, zur gleichen Population wie die bereits untersuchte Stichprobe gehört – eine Aufgabe, deren Lösung, wie der empirische Teil zeigt, schwieriger ist, als sie auf den ersten Blick erscheinen mag.

Neuheit im Rorschach-Test

Bei der Diskussion der Originalität von Ideen können die im Umfeld von manchen projektiven Tests aufgetauchten Probleme zum Ausgangspunkt unserer Diskussion verwendet werden. Die orthodoxe RORSCHACH-Signierung kennt zwei offizielle Klassen zur Kennzeichnung der Originalität der Deutungsantworten auf die Kleckse: Vulgärantworten und Originalantworten. Nach RORSCHACH (1921) sind als

»Originalantworten diejenigen Deutungen zu bezeichnen, die auf etwa 100 Experimente mit normalen Versuchspersonen etwa einmal gegeben werden. Sie sind nach der Qualität der B, F und FFb in gute und schlechte zu scheiden.«

Dies ist eine recht mangelhafte Definition, die einen rigiden statistischen Ansatz mit einem Pleonasmus verbindet: Gut ist, was Qualität hat. Im übrigen scheint die Kennzeichnung der Population als die Gesamtheit aller normalen Menschen wegen ihrer Allgemeinheit praktisch wertlos. Interessant für uns ist einmal die Unterscheidung von guten und schlechten Originalantworten und die Frage, für welche psychischen Funktionen beziehungsweise Dimensionen die Originalantworten indikativ sein sollen. Bei RORSCHACH stehen als Indikatoren für das Ausmaß an Phantasie an erster Stelle die Bewegungsantworten (B) und erst an vierter das hohe Originalprozent. BOHM (1967) kennzeichnet den allgemeinen Symptomwert der Originalantworten als Gradmesser der Originalität, der Phantasie. Die negativen Originalantworten sollen bei Kleinkindern, Oligophrenen, Neurotikern, Mythomanen, Psychopathen, manisch Verstimmten und Manischen, Schizoiden und Schizophrenen, Epileptikern und organisch Dementen vorkommen. Wenn wir von den Depressiven und den Kleinkindern absehen, könnte man diesen reichhaltigen Katalog mit der Gesamtheit aller Nichtnormalen gleichsetzen, was sich allerdings schlecht mit RORSCHACHS eigener Definition vertragen würde. Verständlich ist, daß über die psychische Herkunft einer negativen Originalantwort aufgrund der Antwort selbst nicht entschieden werden kann. Dieses Problem wird von den RORSCHACH-Experten durch die »ganzheitliche« Interpretationsweise gelöst. Die drei Fragen, derentwegen die RORSCHACH-Experten konsultiert wurden, bleiben weitgehend offen:

1. Was unterscheidet eine originelle Lösung von einer nichtoriginellen?

2. Was unterscheidet eine gute von einer schlechten originellen Lösung? Oder ist letzteres ein Widerspruch in sich selbst? Gibt es schlechte originelle Lösungen?
3. Welche Menschen sind es, die bevorzugt originelle Antworten geben? Hier wollen wir uns mit der Teilantwort, daß es eben Menschen mit reichhaltiger Phantasie seien, nicht zufriedengeben. Repräsentativitätsschlüsse von der Originalität des Verhaltens gegenüber Klecksen auf die Originalität des Gesamtverhaltens, wie Bohm sie anstellt, lassen die Frage aufkommen, ob man nicht besser anderes, etwas alltäglicheres Verhalten als Grundlage für diesen Schluß beobachten sollte.

Die Ergebnisse des Rorschach-Tests können nicht sehr ermutigen, Deutung von Klecksen als Indikatoren für umfassendes originelles Verhalten zu verwenden. Die Rorschach-Deutungen waren aber Anlaß zur Entwicklung eigener Vorstellungen über die Originalität von Ideen.

Die soziale Situation des Rorschach-Verfahrens, wie auch von anderen, ähnlichen als Phantasietests gedachten Verfahren, kann man als Rollenspiel charakterisieren, in dem der eine Beteiligte den mächtigeren Part des Deuters und Auswerters, der andere den des Produzenten von Ideen übernommen hat. Damit ersterer aber deuten kann, muß sich letzterer an gewisse Spielregeln halten. Auf die Frage, was die Vorlage – sei es nun ein Klecks oder eine Strichfigur – darstelle, darf er nicht sagen, was es tatsächlich ist, nämlich im ersteren Fall der farbige Abdruck eines Tintenkleckses oder, bei Wallach u. Kogan, Striche. Er darf andererseits den Bezug zu dem, was tatsächlich vorliegt, nicht soweit aufgeben, daß ihn niemand mehr nachvollziehen kann. Wer auf die Frage, was der Klecks auf Tafel 1 des Rorschach-Tests sein könne, antwortet: »Oh ja, das drückt im Schuh!«, hat sicher noch Bezug, wenn nicht zum Klecks, so doch zur Situation. Allerdings sind die Bezugsregeln und -rahmen nur noch für ihn transparent, für andere jedoch nicht mehr. Er nötigt den Deuter, genau wie der bloß Deskriptive, die testimmanenten Deutungsschemata aufzugeben. So ist das Formniveau als das Verhältnis von Deutung und Klecks nicht mehr ablesbar, wenn ich den Klecks Klecks nenne. Andererseits ist es völlig sinnlos, von Formniveau überhaupt zu sprechen, wenn der Produzent der Ideen den Bezugsrahmen der »Deutung von Klecksen« verlassen hat und die gesamte gegenwärtige oder gar kosmologische Situation interpretiert. Der eigentliche Deutungsspielraum liegt in der Mitte zwischen Loslösung von der Realität und einem komplexen, aber erkennbaren Verhaftetbleiben mit ihr. In diesem mittleren Bereich liegen die originellen Lösungen. Die Seltenheit steigt mit der Nichtbeachtung der Reizgrundlage, gleichzeitig nimmt jedoch die Gefahr, daß der Bezug zwischen Vorlage und

Deutung für andere verlorengeht, zu. Dann werden die Ideen in den Bereich des Sinnlosen, Blödsinnigen, Verrückten verwiesen.

4. Neuigkeit und Anpassung an die Realität

Dieses spannungsvoll aufeinander verweisende Verhältnis wird von den wenigsten Operationalisierungen aus dem Umfeld von Ideenproduktionen auf einen Stimulus berücksichtigt. So verwendet EWERT (1967) für die Auswertung seiner Phantasiegeschichten, die zu Tafeln des Need-Achievement-Tests von MCCLELLAND geliefert werden, ein Klassifikationssystem, das sich an der Loslösung von der Vorlage orientiert.

»Um einen vorläufigen Auswertungsgesichtspunkt zu gewinnen, gingen wir davon aus, die Geschichten nach dem Grad ihrer Lösung von der Vorlage zu gruppieren. Sehr bald zeigte sich, daß diesem formalen Gesichtspunkt ein zweiter, qualitativer sich zur Seite stellen läßt, nämlich die Art, in der eine Geschichte erzählt wird. Insgesamt ergeben sich vier verschiedene Kategorien zur Einordnung der Geschichten, die wir als »Deskription«, »Episode«, »Fabel« und »Reflexion« bezeichnen.« (EWERT 1967)

Leider läßt sich der zweite, angeblich qualitative Gesichtspunkt in der realen Operationalisierung nicht mehr auffinden. Die Phantasietest-Kategorien werden von EWERT folgendermaßen charakterisiert:

Deskription
»Die Geschichten der Kategorie Deskription lösen sich am wenigsten von der Vorlage . . .«
Episode
»Von den Deskriptionen lassen sich deutlich solche Geschichten abheben, in denen die Abschilderung des wirklichen oder vermeintlichen Geschehens durch ein frei erfundenes, kurzes Zwischenspiel belebt wird. Auch die Geschichten der Kategorie Episode sind noch stark an die Vorlage gebunden.«
Fabel
»Die Geschichten dieser Kategorie lösen sich meist so stark von der Vorlage, daß es manchmal nicht leicht festzustellen ist, zu welchem Bild die Geschichte erzählt worden ist.«
Reflexion
»Die Geschichten dieser Kategorie unterscheiden sich von allen anderen zunächst einmal dadurch, daß im Grunde nicht der Versuch gemacht wird, eine spannende Geschichte zu erzählen, wie es die Instruktion verlangt. Die Probanden geben Einfälle zum Bild wieder und schildern, welche Geschichten man aus der Vorlage machen könnte.«

Diese Vorgehensweise beinhaltet einige recht schwerwiegende Probleme. Die Kategorie »Reflexion« paßt nicht in dieses zur Grundlage gemachte Kontinuum. Weiterhin wäre es interessant, Genaueres über die sehr ganzheitlich anmutende Operationalisierung zu erfahren. Ist zu Beginn des Untersuchungsberichts der Grad der Ablösung von der Vorlage ein »vorläufiger Auswertungsgesichtspunkt, der zusammen mit einem ›qualitativen‹ – die Art, in der eine Geschichte erzählt wird – zur Verwendung dieser Kategorien führt«, so ist in der Zusammenfassung der Untersuchung der Entwicklungsgang eher umgekehrt:

»Eine Ordnung der Versuchsprotokolle nach dem Grad der Ablösung von der gegebenen Vorlage führt zur Unterscheidung von vier Arten der Phantasieentfaltung, die wir als Deskription, Episode, Fabel und Reflexion bezeichnet haben.«

Für eine sachgerechte Beurteilung wäre es von großer Bedeutung zu erfahren, ob der Autor in der Kategorie »Fabel«, die er wie oben gezeigt charakterisiert hat, nicht mit dem Problem konfrontiert war, sich Gedanken über die Herkunft der Geschichten zu machen, da sie doch offensichtlich keinen erkennbaren Bezug mehr zur Vorlage hatten. Es ist nämlich durchaus denkbar und auch aus der Schulaufsatzbewertung bekannt, daß diese Art der Erzählung indikativ für besondere Einfallsarmut sein kann, indem unter Mißachtung der vorliegenden Stimuli die gestern im Radio gehörte, sicher sehr spannende Geschichte nacherzählt wird. Damit wären wir wieder bei der Deskription, aber einer an eine andere Realität angepaßte.
Ein Mißverhältnis zwischen der Komplexität der Aufgaben und der Simplizität einer ganzheitlichen Operationalisierung läßt sich für diese Untersuchung nicht von der Hand weisen.
Wallach u. Kogan, denen man sicher kein ganzheitliches Vorgehen vorwerfen kann, haben das Problem des Verhältnisses von Phantasie und Realitätsverhaftung weitgehend ignoriert. Ihre Versuchspersonen mußten sich unter anderem möglichst viele Verwendungsmöglichkeiten für Gegenstände wie Korken, Messer usw. einfallen lassen. Daneben gab es auch Tests mit nichtsprachlichen Stimuli, in denen die Versuchspersonen angeben sollten, was bestimmte Konfigurationen von Strichen, die keine echte Darstellungsfunktion hatten, alles sein könnten.

»It should be stressed that gamelike instructional context did not eventuate in a flouting of the task constraints in each experimental item. Bizarre or inappropriate responses – those judged inadmissible as possible answers to a given question – were extremely rare. For each item in each procedure, two independent judges found virtually no unique responses that could not conceivably fit the stimulus requirements . . .«

Wir können aufgrund unserer eigenen Untersuchungen den von den Autoren vorgetragenen Optimismus nicht voll teilen. Der Hinweis, daß solche Antworten sehr selten seien, kann über dieses Di-

lemma nicht hinwegtäuschen, denn die Häufigkeit bizarrer Antworten hängt nicht zuletzt von der Bewertungsart des Untersuchers ab. Letztlich wird die Vorstellungsbreite des erwachsenen Untersuchers als Kriterium für die Entscheidung originell oder unsinnig verwendet. Bei dem Vergleich der Urteile zweier verschiedener Erwachsener hat sich gezeigt, daß die Toleranzbreite sehr von der Höhe des Anspruchsniveaus des Beurteilers abhängig ist.
Zusammenfassend läßt sich sagen, daß die Erfassung der Kreativität – was immer das sei – auch bei den vorgeblich rein durch die Operationen bestimmten Kriterien eine sehr diffizile Angelegenheit ist.

5. Der Wert des kreativen Produkts

Mit der Miteinbeziehung von MacKinnons viertem Kriterium, das die Eröffnung neuer Existenzmöglichkeiten für die Menschheit durch kreative Produkte verlangt, hat man eigentlich das Feld empirisch-psychologischer Arbeitsmöglichkeiten verlassen. Wohl gibt es einige von Psychologen durchgeführte Befragungen von Denkern und Künstlern, die diesem Kriterium vielleicht genügen. Es sei an Wertheimers 1916 durchgeführte Befragung von Einstein erinnert (Wertheimer 1954). Leider sind jedoch die eigentlichen Lösungsprozesse für den Produzenten der Idee selbst so wenig transparent, daß er nur wenige Aussagen machen kann. Außer der nunmehr schon historisch zu nennenden Einteilung des schöpferischen Prozesses in Vorbereitung, Inkubationsphase, Lösung und Kommunikation (Ulmann 1968) ist gerade für den entscheidenden Teil, nämlich die Lösungsphase, nicht viel herausgekommen. Im übrigen ist diese Einteilung eher heuristisch, da über die zeitlich verschobene Lösung von Teilzielen der Prozeß mehrphasisch mit verschiedenen Programmen durchlaufen wird.
Mehr hat die psychologische Untersuchung der Menschen, die diesem Kriterium genügen, gebracht. Die empirischen Arbeiten und die living-assessments (Barron 1969) sind sehr aufschlußreich. Im empirischen Teil wird auf sie Bezug genommen werden. Auch hier war jedoch die wesentliche Arbeit die Beantwortung der Frage, wer eingeladen wird. Für wen trifft es zu, daß seine Ideen der Menschheit neue Erfahrungen erschließen? Trotz allem methodischen Einfallsreichtum sind die Veranstalter von living-assessments letztlich auf das Urteil von Experten angewiesen[18]. Wahrscheinlich ist das Problem, wen man *nicht* einlädt, das schwerwiegendere, obwohl es durch die begrenzten Möglichkeiten von Untersuchungen beantwortet scheint.

Wenn man ein solch umfassendes Kriterium wie MACKINNON als notwendig in den Bestimmungskatalog der Kreativität aufnimmt, so rückt die Untersuchungsmethodik notwendigerweise in die Nähe jener älteren, großenteils retrospektiven Genieuntersuchungen, die entweder zu hochspekulativen psychologischen Theorien aufgrund inadäquater statistischer Verfahren geführt haben oder die die Anzahl der »Genies« als Indikatoren für den Zustand einer Kultur verwendet haben (siehe hierzu ANASTASI 1969). Forschung und Praxis enden mit der Identifikation der Genies. Es verbleibt allenfalls noch der Ratschlag, den bekannten Größen bewundernd nachzueifern, wohlwissend um die eigenen genetischen Grenzen. Für die erkannten Minderbegabten kann man im besten Fall Mitleid empfinden, wenn man sich nicht zu der Erkenntnis durchringt, daß ihre Existenz für das organismische Ganze hinderlich ist.
Die gegenwärtige Kreativitätsforschung kommt, wie der erste Teil der Arbeit gezeigt hat, aus einer ganz anderen Denktradition. Für sie ist die Erforschung von anerkannten Genies weniger bedeutsam, weil sie es im Sinne einer Reformbewegung mit der optimalen Förderung und der Entwicklung hin zur Begabung zu tun hat. Es geht nicht mehr um die Entdeckung und nachvollziehende Bewunderung der Genies, sondern um das »Machen« derselben. Der Begriff Genie erfreut sich aus diesen Gründen in der gegenwärtigen Literatur keiner großen Beliebtheit. Wer sich mit der Förderung schöpferischer Begabung beschäftigt, wird sinnvollerweise in frühem Alter beginnen. Von einem Zehnjährigen eine die Erfahrung der Menschheit transzendierende Leistung zu verlangen, wenn man ihn kreativ nennen will, scheint wenig sinnvoll. Aus diesem Grunde kommt dieses Kriterium nur selten zur Anwendung. Eine Ausnahme stellen KOESTLERS Untersuchungen zum Act of Creation dar.

V. Das Validitätsproblem

Wenngleich man die Diskussion über die Validität verschiedener Tests zur Messung von Kreativität der Relevanzproblematik subsumieren kann, wird sie hier gesondert durchgeführt.

Die möglichen Arten der Validierung

Ausgehend von HÖRMANN (1964) und MICHEL (1964) kann man folgende Verbindungen zwischen dem Testverhalten und dem interessierenden Verhalten außerhalb der Testsituation aufzeigen.

Tabelle 2 Beziehungen zwischen dem Testverhalten und dem interessierenden Verhalten außerhalb der Testsituation

Schlußfolgerungsarten	Testverhalten/ Draußenverhalten	Validitätsart
Repräsentationsschluß	Testverhalten ist Stichprobe des *gleichen* Draußenverhaltens	Inhaltliche Validität
Korrelationsschluß	Testverhalten und *anderes* Draußenverhalten kovariieren miteinander	empirische Validität
Theoretische Deduktion von empirisch überprüfbaren Hypothesen	Testverhalten ist Indikator für bestimmte Persönlichkeitsvariablen (Konstrukte)	Konstruktvalidität

Die spärlichen Validitätsangaben zu vielen Kreativitätstests wurden häufig auf die mangelnde Reliabilität der Tests zurückgeführt. Dies mag weitgehend richtig sein. GOLDMANN (1964) berichtet Wiederholungskoeffizienten der Minnesota Tests of Creative Thinking (von TORRANCE 1962) zwischen 0.72 und 0.89. Diese Werte scheinen im Vergleich zu anderen Tests, die ähnlich strukturiert sind (GETZELS u. JACKSON 1962), überhöht. Bei den meisten Kreativitätstests ist die Testwiederholung zur Bestimmung der Reliabilität sinnlos. In der Versuchsanleitung wird bei TORRANCE die Herstellung von etwas ganz Besonderem und Originellem verlangt. Dieser Forderung kann man schwerlich genügen, wenn man in Testwiederholungen die gleiche Lösung des gestellten Problems wie in der ersten Testdurchführung anbietet. Aus diesem Grunde beschränken sich die meisten Angaben zur Reliabilität von Kreativitätstests auf die Messung der Inneren Konsistenz durch das Split-half-Verfahren.

Wir sind nun allerdings der Meinung, daß die dürftigen Validitätsangaben zu den Kreativitätstests weniger auf einer ungenügenden Reliabilität beruhen, als auf einem Trugschluß der Testautoren. In der Beschreibung der Tests, die GETZELS u. JACKSON (1962) für ihre Untersuchungen verwendet haben, finden wir keine Angaben zur Validität, bei den TORRANCE-Tests (1969) ebenfalls nicht. Dies liegt nicht daran, daß die Realisierung unmöglich wäre. In den Begründungen, warum man gerade diesen Test zur Messung von Kreativität ausgelesen habe und keinen anderen, klingt die implizit enthaltene Annahme durch, daß man es eigentlich mit einem Problem der Inhaltsvalidierung zu tun habe. Das Verhalten im Kreati-

vitätstest ist also eine Stichprobe des kreativen Alltags- und Draußenverhaltens. Das Validitätsproblem reduziert sich damit auf die Frage nach der Repräsentativität des kreativen Verhaltenssamples, das in der Testsituation hervorgerufen wird, für die Gesamtheit alles gleichartigen kreativen Verhaltens. Auf dem Hintergrund dieser Annahme werden Aussagen wie die von TORRANCE, daß sein Test »Verbesserungsvorschläge« hohe Augenscheingültigkeit habe und bei Lehrern und Eltern stets einen guten Eindruck hinterlasse, verständlich (TORRANCE 1962).
Demgegenüber neigen wir eher zu der Ansicht, daß die Tests selbst nie Kreativität per se messen. Wir stützen uns auf die bereits diskutierten Überlegungen, daß in die Beurteilung eines Produktes immer eine Bewertung einer größeren sozialen Gruppe mit eingeht. In den gegenwärtig überblickbaren Tests werden nur Dispositionen für spätere kreative Leistungen gemessen. Aufgrund des relativ geringen Alters der meisten Kreativitätstests sind Längsschnittuntersuchungen zur Bestimmung der Vorhersagegültigkeit aufgrund eines Korrelationsschlusses noch nicht anzutreffen. Diese Art der Validierung wurde jedoch in letzter Zeit einer sehr scharfen, berechtigten Kritik unterzogen (KAMINSKI 1970), so daß man sich zu Recht fragen kann, ob es tatsächlich lohnend ist, die Kovariation eines Testverhaltens mit einem später ins Auge gefaßten Kriterium empirisch festzustellen, ohne Hypothesen über das psychologische Zustandekommen des Zusammenhangs zu haben. Ein Ausweg aus diesem Problem ist nur zu erreichen, wenn man die substantialisierte Fassung der »Kreativität« aufgibt und sie konsequent auf der Konstruktebene betrachtet.
TURNER (1967) hat verschiedene Arten theoretischer Konstrukte aufgezählt. Alle Varianten sind in der gegenwärtigen Theorienbildung vertreten.

»1. Theoretische Konstrukte in der Bedeutung realer Entitäten, die in einer defizienten Beobachtungssprache beschrieben werden. Man spricht von ihnen, als seien sie beobachtbar (z. B. psychische Schichten).
2. Theoretische Konstrukte als konventionelle Festsetzungen, Bereichsangaben ohne strikte Verankerung in der Empirie und ohne hinreichende begriffliche Explizierbarkeit (z. B. ›die Intelligenz‹).« (zitiert nach STAPF 1970)

STAPF (1970) will die erste Art der theoretischen Konstrukte nicht als Bestandteile erfahrungswissenschaftlicher Theorien betrachten. Wenn man sich diesen Gedankengang zu eigen macht, muß man allerdings einige Aussagen aus dem Umfeld der »Kreativität« hinsichtlich ihrer wissenschaftlichen Bedeutsamkeit mit Skepsis beurteilen.
Die wenigen Ansätze einer Konstruktvalidierung stammen aus den assoziationstheoretischen Ansätzen von MEDNICK (1962) und auf

ihm basierend von WALLACH u. KOGAN (1966). Auf diese Überlegungen haben wir uns weitgehend gestützt, nicht zuletzt deshalb, weil sie einige aus der Psychoanalyse deduzierbare Hypothesen überprüfbar machen. Wir betrachten »Kreativität« im folgenden als theoretisches Konstrukt dritter Art[19]. Der Vorgang der Konstruktvalidierung ist die zunehmende empirische Überprüfung der deduzierten Hypothesen und der Einbau des Konstruktes in ein »nomologisches Netz« (CRONBACH 1960).

C. Kreativitätstheorien

Es ist im Rahmen einer solchen Arbeit nicht möglich, alle gegenwärtig diskutierten Theorien, die Aussagen zur Kreativität machen, darzustellen. Aus diesem Grunde beschränken wir uns darauf, zwei mögliche Ansätze in extenso zu referieren. Wir wollen im Anschluß daran die Frage prüfen, inwieweit eine Integration der beiden Theorien möglich ist.

I. Beiträge tiefenpsychologischer Schulen zur Kreativitätsforschung

Ehe die empirisch-experimentelle Psychologie das Gebiet schöpferischen Handelns als Feld möglicher Forschungsbemühungen entdeckte, waren es vor allem tiefenpsychologische Schulen, die über die Kunst allgemein und die Entstehung von Kunstwerken im besonderen Aussagen machten.
ROBERT (1967) konstatiert, daß FREUD eine leidenschaftliche Begeisterung für die Schriftstellerei empfunden habe. Seine Vorliebe für Wortspiele, Zeichen- und Phantasiekonstruktionen deutet sie als Anzeichen für versteckte literarische Ambitionen. Nun ist aber unabhängig von dieser persönlichen Affinität die Wissenschaft der Deutung von Symbolen – sei sie nun auf das Traumgeschehen, die Fehlleistungen, die Neurosen oder Symptomwahl oder die Tagträumereien angewandt – ein zentrales Anliegen und Problem aller tiefenpsychologischen Theorien. Aus diesem Grunde liegen Vergleiche mit nicht explizit psychologischen Deutungsgebieten auf der Hand. JUNG (1956) vertritt die Ansicht, daß sich die Psychoanalyse eines Kunstwerks von einer literarisch-psychologischen Analyse nur durch den Mangel an Taktgefühl und Scheu vor dem Menschlich-Allzumenschlichen unterscheide. Diese Aussage spiegelt wohl weniger einen wissenschaftlich nachweisbaren Sachverhalt als die Animosität JUNGS gegenüber FREUD.

In Anbetracht dieser Verwandtschaft der Methodik und des Interesses ist es nicht verwunderlich, daß die Tiefenpsychologien verschiedenster Herkunft über Kunst und Künstler eine Fülle von teilweise nicht leicht zu vereinbarenden Aussagen gemacht haben. So kann man unschwer eine gewisse Affinität bestimmter Kunstgattungen zu bestimmten tiefenpsychologischen Schulen feststellen, die interessante Rückschlüsse auf Herkunft und Intention dieser Theorien erlaubt.

1. Komplexe Psychologie Jungs

Die »komplexe Psychologie« JUNGS hat ihr Arbeits- und Deutungsfeld weniger in der gehobenen Literatur einzelner Dichter als in der mythologiereichen Volksliteratur. Wenn sie sich mit dem Werk eines einzelnen beschäftigt – es sei an die Analysen der Kunstmärchen von HANS CHRISTIAN ANDERSEN erinnert –, so scheint die Person des Künstlers seltsam transparent und unwichtig für die Deutung. Die Ursache dieses eigenartigen Verhältnisses von Person und Werk liegt wohl letzten Endes darin begründet, daß die großen künstlerischen Werke als Manifestationen eines kollektiven, also nicht individualspezifischen Unbewußten gesehen werden.
Dieses kollektive Unbewußte umfaßt Inhalte, die den Niederschlag der typischen Reaktionsweisen der Menschheit seit ihren Anfängen darstellen. Sie treten im Gewand von Symbolen, seit 1919 von JUNG »Archetypen« genannt, auf. Diese in Religionen und Mythologien beheimateten Archetypen werden in den Werken einzelner Künstler manifest. Der Künstler ist in den Augenblicken, in denen er produktiv tätig ist, » . . . nicht Einzelwesen, sondern Gattung, die Stimme der Menschheit erhebt sich in ihm« (JUNG 1930).
Außer über die Tatsache der Großartigkeit dieses Vorganges erfahren wir bemerkenswert wenig über die Dynamik und Struktur der Träger dieses kollektiven Unbewußten, die damit schöpferisch umgehen können. Da Krankheit für das Schöpferische nicht förderlich sein soll (JACOBY 1945, JUNG 1960), ist anzunehmen, daß diese Menschen den Individuationsprozeß ein Stück weit erfolgreich durchlaufen haben. Sie würden sonst bei der Konfrontation mit den Archetypen Schaden nehmen.
Wir erfahren also nur, daß Künstler eine enge Beziehung zum kollektiven Unbewußten haben und daß der schöpferische Prozeß eine Belebung der dort ruhenden Symbole der Menschheit darstellt. Die Aussage, daß das Unbewußte sich kompensatorisch zum Bewußtsein verhalte, kann in bezug auf den künstlerischen Prozeß sehr verschieden interpretiert werden. So soll die Phantasie eine eigene Stellung außerhalb der vier Grundfunktionen Denken, Fühlen, Intuieren und Empfinden haben. Aus diesem Grunde müsse der

Künstler nicht notwendigerweise introvertiert sein. Der Funktionstypus tue sich demgemäß erst in der Verarbeitungsweise der Phantasien kund (JUNG 1960). Das Schema der Grundfunktionen Denken, Fühlen, Intuieren und Empfinden ist, wie alle Typologien, zu grob und zu simpel, als daß man daraus sinnvolle Hypothesen deduzieren könnte, zumal das Problem der statistisch häufigeren Mischtypen nicht geklärt ist.
Schließlich ist die gesamte Theorie seltsam statisch und akausal. Da es in ihrem Rahmen keine Aussagen über »das Lernen« gibt, erfährt man wenig, was in bezug auf die Förderung schöpferischen Handelns interessant wäre, d. h. was für eine sinnvolle Erziehung nützen könnte. Theorien mit so großem, quasi kosmologischem Aussageradius müssen wohl die Details des täglichen pädagogischen Handelns unberücksichtigt lassen. Wie bei so vielen psychologischen Theorien wird der zur Praxis gezwungene Lehrer – der sich mit dem Problem konfrontiert sieht, daß die bisherige Ausbildungsstrategie zu wenig schöpferische Begabungen hervorbringt, sei es, daß sie nicht gemacht, sei es, daß sie unterdrückt werden – im Stich gelassen. Auf die Frage nach der mangelhaften kausalen Bestimmtheit der Konstrukte von JUNGS Theorie brauchen wir nicht einzugehen. Sie ist Teil der Theorie selbst und vom Autor intendiert. Es sei an JUNGS Konzept der Synchronizität erinnert[20].
FREUD hat sich begreiflicherweise für das Verhältnis von Werk und Künstler mehr interessiert, da er das kollektive Unbewußte, das mit den Schwierigkeiten eines versteckten Lamarckismus zu kämpfen hat, ablehnte. Das Unbewußte ist auch hier die entscheidende Triebkraft künstlerischen Handelns; es ist jedoch Folge der Lebensgeschichte des Individuums. Zweifellos sind auch nach der psychoanalytischen Theorie wesentliche Teile dieses Lernprozesses zumindest in ihrer Abfolge durch die psychosexuelle, biologisch interpretierte Reifung und Entwicklung vorprogrammiert. Jedoch ist die Frage nach dem, *was* in diesen Phasen der »Bereitschaft« geschieht, weitgehend durch die Lernumwelt bestimmt.

2. Freuds Aussagen zur »Kreativität«

Das deutsche Wort »Kreativität« ist eine junge Konstruktion. In den Schriften FREUDS finden wir dazu begreiflicherweise nichts. Auch die gegenwärtig publizierenden Psychoanalytiker haben einige Mühe, die gerade aktuelle psychologische Terminologie zu übernehmen. Hier wird nach wie vor von Kunst und schöpferischem Prozeß gesprochen. Das soll uns aber nicht davon abhalten, die in diesen Theorien gewonnenen Hypothesen und Einsichten in die moderne Fachsprache zu übersetzen. Nach psychoanalytischer

Auffassung ist die Grundlage des künstlerischen Prozesses der in jeder Gesellschaft notwendige Triebverzicht.

»Die Triebkräfte der Kunst sind dieselben Konflikte, welche andere Individuen in die Neurose drängen, die Gesellschaft zum Aufbau ihrer Institutionen bewogen haben.«[21]

Der künstlerische Prozeß ist mit dem Vorgang der Symptombildung bei den Neurosen eng verwandt. Bei weitgehend gleichem Ablaufgeschehen soll es vor allem die verfehlte soziale Kontaktaufnahme, die für jede Neurose kennzeichnend ist, sein, die letztere von anderen kulturnotwendigen Sublimierungsleistungen unterscheidet.

»Die Neurosen zeigen einerseits eine auffällige und tiefreichende Übereinstimmung mit den großen sozialen Produkten der Kunst, der Religion und der Philosophie. Andererseits erscheinen sie wie Verzerrungen derselben. Man könnte den Ausspruch wagen, eine Hysterie sei ein Zerrbild einer Kunstschöpfung, eine Zwangsneurose ein Zerrbild einer Religion, ein paranoischer Wahn ein Zerrbild eines philosophischen Systems. Diese Abweichung führt sich in letzter Auflösung darauf zurück, daß die Neurosen asoziale Bildungen sind – sie suchen mit privaten Mitteln das zu leisten, was in der Gesellschaft durch kollektive Arbeit entstanden ist.«[22]

Die Übertragung von Ablaufsgesetzlichkeiten, die man am Einzelindividuum beobachtet hatte, auf gesellschaftliche Gebilde sowie die Menschheitsentwicklung überhaupt war zu dieser Zeit sehr verbreitet. Noch verbreiteter war allerdings die umgekehrte Schlußfolgerung, nach der das Individuum die Entwicklung der Gattung abgekürzt rekapituliert (HAECKEL 1920).
Es lag für FREUD deshalb auf der Hand, die an den Phantasien Erwachsener eruierten Ablaufsformen der psychosexuellen Entwicklung auf die Menschheitsentwicklung zu übertragen.

»So entspricht denn zeitlich wie inhaltlich die animistische Phase dem Narzißmus, die religiöse Phase jener Stufe der Objektfindung, welche durch die Bindung an die Eltern charakterisiert ist, und die wissenschaftliche Phase hat ihr volles Gegenstück in jenem Reifezustand des Individuums, welches auf das Lustprinzip verzichtet hat und unter Anpassung an die Realität sein Objekt in der Außenwelt sucht.«[22]

Diese direkte Übertragung der Entwicklungspsychologie psychoanalytischer Prägung auf die Menschheitsgeschichte ist hochspekulativ. Man sollte jedoch die historischen Mutmaßungen FREUDS nicht zur Falsifikation der gesamten Theorie mißbrauchen. Für die Diskussion der Kreativität bedeutsam ist die Vorstellung, daß sich auch die reife, wissenschaftliche Menschheit in der Kunst einen legitimen Rest an Animismus bewahrt hat.

»In der Kunst allein kommt es noch vor, daß ein von Wünschen verzehrter Mensch etwas der Befriedigung Ähnliches macht, und daß dieses Spielen – dank der künstlerischen Illusion – Affektwirkungen hervorruft, als wäre es etwas Reales. Mit Recht spricht man vom Zauber der Kunst und vergleicht den Künstler mit einem Zauberer ... Die Kunst, die gewiß nicht als l'art pour l'art begonnen hat, stand ursprünglich im Dienste von Tendenzen, die heute zum großen Teil erloschen sind. Unter diesen lassen sich mancherlei magische Absichten vermuten.«[22]

Kunst ist also etwas Archaisches. Sie ist auf ontogenetischem Niveau dem Primärprozeß verwandt, auf phylogenetischem dem Animismus. Für das Individuum nimmt sie eine Mittelstellung zwischen infantiler Regression und aktiver Umweltveränderung ein. In Gesellschaften hat sie eine ähnliche Rolle zwischen Magie und Beherrschung der Natur. Leider werden wir aber in der entscheidenden Frage, wann infantile Regression, wann alloplastische Veränderung der Umwelt und wann das Zwischenreich der Kunst auftritt, auf die »noch immer rätselhafte künstlerische Begabung« verwiesen.

»Wenn die mit der Realität verfeindete Person im Besitze der noch immer rätselhaften künstlerischen Begabung ist, kann sie ihre Phantasie anstatt in Symptome in künstlerische Schöpfungen umsetzen, so dem Schicksal der Neurose entgehen und die Beziehungen auf diesem Umweg wieder gewinnen.«[23]

Nach FREUD scheinen also künstlerisch Tätige von der Konfliktintensität und der starken Tendenz zur Realitätsverleugnung her zur Neurose prädestiniert. Allein ihr großes Können und ihre Begabung retten sie vor diesem Schicksal. Diese Auffassung kommt einem sehr alten und weitverbreiteten Stereotyp entgegen, wonach Hochbegabung und psychische Krankheit sowie Abnormität in enger korrelativer und kausaler Beziehung stünden. So kann JUNG die Ansicht vertreten, daß »die göttliche Raserei des Künstlers eine gefährliche reale Beziehung zum Krankhaften habe, ohne allerdings mit diesem identisch zu sein«. Es wäre kaum lohnend, auf diese gewiß nicht wissenschaftliche Überhöhung des Künstlerischen einzugehen, tauchte sie nicht in der modernen Fachliteratur wieder auf. Der Glaube an die enge Verbundenheit von Irrsinn und Genie hat in der Verquickung von Neurose und künstlerischem Prozeß seine Fortsetzung gefunden. Die Terminologie hat allerdings gewechselt. So kritisieren SCHELL u. SCHUSSER (1969) die Gegenüberstellung konträrer Aussagen über die emotionale Stabilität von kreativen Personen im Übersichtsreferat von ULMANN (1968). CATTELLS (1959) Befunde, die bei Kreativen hohe Angstniveaus konstatieren, widersprechen den meisten anderen Untersuchungen.

Es wäre sehr verlockend, die sozialen Ursachen für die hohe Stabi-

lität dieses Stereotyps zu untersuchen. Es spricht einiges dafür, daß eine Gesellschaft, die aus dem normalen Arbeitsprozeß ihrer Mitglieder jede kreative Regung verbannt hat, ein hohes Interesse daran hat, künstlerische Betätigung als gottähnlich und ungeheuer risikoreich darzustellen. Zumindest ist die Trennung von »Arbeit« und »Kunst« ein relativ neues Phänomen, das sehr eng mit dem gegenwärtigen Wirtschaftssystem verbunden ist (FETCHER 1970).
RANK (1925) bringt die Überschätzung des Künstlers und der Kunst in unserer Kultur mit der von der Normalbevölkerung verlangten übergroßen Sexualverdrängung in Zusammenhang. Daß die Sexualverdrängung selbst wieder in engem Zusammenhang zu bestimmten gesellschaftlich geforderten Arbeitsformen steht, scheint seit den Arbeiten von REICH (1933) und PLACK (1968) nachgewiesen.
Wie weit diese Vorstellung bereits auf das Selbstverständnis der künstlerisch Tätigen zurückwirkt, zeigt eine Äußerung von Salvadore Dali[24]. Spekulationen über die besondere Askesebereitschaft und Gestörtheit des Künstlers berufen sich aber nur teilweise zu Recht auf FREUD. Er hatte nämlich mit allem Nachdruck das Postulat vom Stählen des Charakters durch Niederhalten der Triebe abgelehnt, denn meistens zehre »der Kampf gegen die Sündigkeit Kräfte auf, die man an anderer Stelle günstiger und sinnvoller einsetzen könnte.« (FREUD 1908)

»Im allgemeinen habe ich nicht den Eindruck gewonnen, daß die sexuelle Abstinenz energische, selbständige Männer der Tat oder originelle Denker, kühne Befreier und Reformer heranbilden helfe, weit häufiger brave Schwächlinge, welche später in die große Masse eintauchen, die den von den starken Individuen gegebenen Impulsen widerstrebend zu folgen pflegt.«[25]

Auf die Frage, ob künstlerisch befähigte Personen neurotischer oder gesünder als andere Menschen sind, scheint die Theorie selbst keine Antwort zu geben. FREUDS Rekurs auf die künstlerische Begabung läßt gerade die entscheidende Problematik ungelöst. Die Auflösung dieser Widersprüchlichkeiten können wir nur aus der Konsultation der empirischen Befunde erwarten.

a) Empirische Befunde zur psychischen Gesundheit von Hochkreativen

In seinem Übersichtsreferat zur Kreativität macht MACKINNON unter Bezugnahme auf die vorhandenen empirischen Arbeiten folgende Aussagen über die psychische Gesundheit von Hochkreativen:

»As to the relationship between a person's creativeness and his psychological health – a relationship widely studied and widely disputed – the situation is again not a simple one. There is no doubt that some quite disturbed persons have been highly creative, yet there is no doubt also that many persons of apparent good health, both physical and psychological, have shown unusual creativeness. Perhaps the more general picture, and one that reconciles the opposites of well-being and pathology, is one in which there is a good deal of psychic turbulence and at the same time adequate ego control.« (MACKINNON 1968)

FREUD hat mit seinen unvereinbar scheinenden Aussagen doch nicht ganz unrecht. Hätte er anstatt von der »rätselhaften künstlerischen Begabung« von einer starken Ichstruktur gesprochen, wäre er den tatsächlichen Gegebenheiten näher gekommen. Vergleiche von kreativen Schriftstellern mit einer Stichprobe durchschnittlicher Kollegen mittels des MMPI haben ergeben, daß die ersteren in allen Psychopathiedimensionen höher rangieren als die letzteren und als die normale Eichstichprobe.
In Tab. 3 sind die Ergebnisse dieser Untersuchung von BARRON u. MACKINNON (1969) dargestellt. Die sehr schwierige Frage der Kriteriengewinnung für das Urteil »kreativ« respektive »durchschnittlich« will ich hier nicht wieder aufnehmen. Beim MMPI werden die Rohwerte in T-Werte umgerechnet. Der Durchschnittswert der Validierungsstichprobe liegt bei einem T-Wert von 50. Die beiden mittleren Quartile mit jeweils 25% der Stichprobe enden bei Werten von 30 und 70.

Tabelle 3 Durchschnittliche MMPI-Werte von kreativen und durchschnittlichen Schriftstellern (entnommen aus BARRON 1969)

Skalenart	Kreative	Durchschnittliche
Lügenscore	47	45
Validität	62	55
Korrekturwert	56	54
Hypochondrie	63	57
Depressivität	65	59
Hysterie	68	58
Psychopathie	65	56
Paranoid	61	57
Psychasthenie	64	55
Schizoid	67	56
Hypomanie	61	51
Ichstärke	58	52

Auch wenn man im Auge behält, daß die psychiatrische Klassifikation die diagnostische Valenz der Skalen nur sehr unvollkommen darstellt, sind diese Ergebnisse in ihrer konstanten Erhöhung beeindruckend. Die untersuchten Schriftsteller unterscheiden sich von der Validierungsstichprobe durch eine allgemeine Erhöhung aller Werte in Richtung Psychopathie, wobei die Kreativen noch stärker in diese Richtung tendieren. Man muß allerdings im Auge behalten, daß die etwas geringere Tendenz zur Verleugnung bestimmter Sachverhalte mit zur Erhöhung der Werte beigetragen hat. Der Unterschied zwischen den beiden Schriftstellerstichproben kann jedoch so nicht erklärt werden. Auf der anderen Seite rangieren die kreativen Schriftsteller und Architekten in allen Meßverfahren, die mit der Stärke von Ichfunktionen zu tun haben, höher als die Durchschnittsbevölkerung.

Wenn man versucht, das Konstrukt »Ich-Stärke« mit psychometrischen Verfahren aufzuschlüsseln, so zeigt sich, daß kreative Schriftsteller in folgenden Dimensionen der Durchschnittsbevölkerung überlegen sind: 1. Flexibilität, 2. Feminität, 3. Toleranz, 4. Verantwortlichkeit, 5. Fähigkeit, psychologisch zu denken und empfinden, 6. Erfolg durch eigenständige Tätigkeit, 7. ausgeprägt positives Selbstkonzept, 8. Bedürfnis und Freude an sozialem Kontakt, 9. Befähigung, einen hohen sozialen Status zu erwerben. Weniger Ausprägung zeigen die kreativen Schriftsteller in folgenden Dimensionen: 1. Gefühl des Wohlbefindens, 2. Soziabilität (hier zu verstehen als Neigung und Fähigkeit zur Einpassung), 3. Selbstkontrolle, 4. Vermittlung von »gutem Eindruck«, 5. Erfolg durch konformes Verhalten.

Bei der Schwierigkeit einer Operationalisierung von »Kreativität« kann kaum erwartet werden, daß ein gesichertes Cluster an Persönlichkeitsmerkmalen vorfindbar wäre. Andere Autoren finden zum Teil andere Dimensionen (Cattell 1959). Die living-assessments von Barron u. MacKinnon (1969) sind in ihrer Methodik von den testorientierten Forschungsprogrammen, wie sie Torrance (1962) und Getzels u. Jackson (1962) durchführten, so verschieden, daß eine volle Übereinstimmung gar nicht möglich ist. Es ist jedoch auffallend, daß das Profil der Kreativen große Verwandtschaft zu dem sozialpsychologischen Persönlichkeitskonzept des antiautoritären Charakters aufweist. Nach Gowan (1967) liegt ein möglicher theoretischer Zugangsweg zur Kreativität darin, diesen Denk- und Verhaltensstil als Gegenstück des Autoritarismus zu betrachten.

»The compartmentalization, stereotyping and anti-intraception of the authoritarian personality prevents creative functioning.« (Gowan 1967)

Falls dies zutreffen sollte, kann man die Befunde der Untersuchung Adornos über die Sozialisation des autoritären Charakters mit der notwendigen Vorsicht in das Umfeld der Kreativitätsforschung miteinbeziehen. Diese Überlegungen finden die stärkste Stütze in CRUTCHFIELDS Untersuchungen über die Beziehungen zwischen kreativem Denken und Konformität (CRUTCHFIELD 1962).

b) Empirische Befunde über die Beziehung zwischen Konformität und Kreativität

FREUD und mit ihm andere psychoanalytische Autoren (RANK 1925) sahen die Bereitschaft zur Anpassung und Unterordnung in Zusammenhang mit dem während der Kindheit abverlangten Triebverzicht. Der künstlerisch Befähigte unterscheidet sich von der »normal« sozialisierten Bevölkerung dadurch, daß er einerseits weniger sozial einpassungswillig und andererseits sexuell erlebnisfähiger ist, wobei FREUD letzteres als die Ursache des ersteren versteht.

»Ein abstinenter Künstler ist kaum recht möglich, ein abstinenter junger Gelehrter gewiß keine Seltenheit. Der letztere kann durch Enthaltsamkeit freie Kräfte für sein Studium gewinnen, beim erstern wird wahrscheinlich seine künstlerische Leistung durch sein sexuelles Erleben mächtig angeregt werden.« (Die kulturelle Sexualmoral und die moderne Nervosität, Gesammelte Werke, Band 7, 1907)

Diese spekulativen Ansichten über die Zusammenhänge zwischen Konformität und Kreativität haben durch die Untersuchungen CRUTCHFIELDS (1962) ihre Bestätigung – wenn auch von einer anderen theoretischen Position aus – erfahren.
Aufgrund einer vergleichenden Untersuchung von hochkreativen und normalen Schriftstellern und Architekten kommt er zu dem Schluß, daß der Druck, sich konform zu verhalten, extrinsische, ichnahe Motivsysteme erzeugt, die kreativem Verhalten auf mehrere Arten abträglich sind.
So erzeugt hohe Ichbeteiligung Mißerfolgsangst. Angst wiederum ist geeignet, Gewohnheitsbildungen zu verstärken. Die Neuanordnung von kognitiven Elementen kann nur gelingen, wenn die Macht dieser Gewohnheitsbildungen nicht zu stark ist. Zum anderen ist bei hoher Ichbeteiligung die Aufrechterhaltung eines positiven Selbstkonzeptes ein dauernd wirksames Motiv, das die Sichtweise der realen Gegebenheiten erschwert, da eine Vielzahl von Abwehrsystemen wohl mögliche Denk- und Sichtweisen eines Problems verhindern. Der Konformist ist auf der Suche nach Ordnung. Diese wird ihm vor allem von der Bezugsgruppe geliefert. Das Wissen um die mutmaßliche eigene Minderwertigkeit läßt das Gruppenurteil immer als klug erscheinen. In Konfliktsituationen wird diesem dann der Vorzug gegeben, wobei die Ablehnung der eigenen Ansicht in einer Art »self-fulfilling prophecy« zur Bestäti-

gung der Annahme der eigenen Inferiorität führt. Der Konformitätsdruck ist jedoch andererseits willkommenes Mittel, eigene kreative Versuche, die wiederum die eigene Unfähigkeit und Ängstlichkeit offenbaren würden, mit gutem äußeren Recht abzulehnen. Insofern gibt es durchaus Gruppenbildungen, in denen Kreativitätshemmungen durch die Etablierung von kreativitätsfeindlichen Gruppennormen auftreten. Die Mitglieder belohnen sich gegenseitig für ihren Verzicht auf jede kreative Regung.
Es wäre allerdings verkehrt, aus dem äußerlich beobachtbaren nichtkonformen Verhalten auf Kreativität zu schließen. Einmal kann Unabhängigkeit nur die notwendige, nicht jedoch die hinreichende Voraussetzung für problemnahe Sichtweisen sein. Die geringe Ichbeteiligung macht frei für die nun folgende notwendige intensive Beschäftigung mit dem Problemfeld selbst, liefert jedoch die Kenntnis desselben nicht automatisch. Zum andern kann im Sinne einer negativistischen Grundhaltung nichtkonformes Verhalten durchaus als Folge von sehr ichnahen Motivationssystemen auftreten. Die Problemlage selbst ist wiederum unbedeutend, geht es doch vorwiegend um den Nachweis, daß die Gruppe in jedem Fall unrecht hat.
CRUTCHFIELD konnte jedoch empirisch nachweisen, daß es ein intraindividuell hochkonstantes Bedürfnis nach Konformität gibt, das nahezu inhalts- und problemunabhängig ist. Das Psychogramm dieser Menschen ist dem der Hochkreativen geradezu entgegengesetzt:

1. Sie sind weniger intelligent und in ihren kognitiven Programmen festgelegter als Unabhängige.
2. Sie weisen geringere Ichstärke und Streßtoleranz auf. Die Fähigkeit zu spontanem Reagieren ist eingeengt. Eine Tendenz zur indirekten Darstellung von feindseligen Impulsen ist zu verzeichnen. Sie ist von erhöhter Ängstlichkeit begleitet.
3. Das Selbstkonzept ist defizient, wobei die Sicherheit der Vorhersage eigener Leistungen verringert ist.
4. Sie sind stark soziozentriert und demgemäß suggestibel. Gleichzeitig weisen sie jedoch der Umgebung gegenüber feindselige Einstellungen auf. Die Fähigkeit, das Verhalten der Umgebung vorherzusagen, ist eingeschränkt, was partiell Folge der Stereotypisierung ist.
5. Die Wertematrix ist konventionell und moralistisch.

Die hier aufgezeigten Persönlichkeitsunterschiede zwischen konformen und unabhängigen Individuen sind mit denen zwischen Nichtkreativen und Hochkreativen weitgehend deckungsgleich, so daß die bereits referierten empirischen Befunde hierin eine weitere Stützung erfahren.
Es sei noch erwähnt, daß Untersuchungen mit dem California Psychological Inventory ergeben haben, daß Kreativität und das Feh-

len von Autoritarismus miteinander korrelieren. Es entsteht also der Eindruck, daß die Hochkreativen nicht sehr sozial sind, daß aber von einer besonderen psychischen Störungsanfälligkeit nicht die Rede sein kann.

MASLOW (1959) sieht in einer starken, gesunden Persönlichkeit sogar die conditio sine qua non jeden kreativen Verhaltens. Das Zulassenkönnen vorbewußter Impulse als Voraussetzung für diesen Stil kann nur bei einer gesunden, integrierten Persönlichkeit möglich sein.

Die orthodoxe Psychoanalyse hat den Widerspruch ihrer Aussagen zur Person des Künstlers noch nicht aufgelöst. Da wir kaum etwas über die zu beobachtenden Eigenschaftscluster von kreativen Menschen erfahren, ist die Theorie in wesentlichen Teilen noch nicht gesichert.

Für die Analyse des schöpferischen *Prozesses* ist die psychoanalytische Theorie geeigneter, nicht zuletzt deshalb, weil man für die Darstellung dieses Geschehens die Theorie der Traumvorgänge verwenden kann. Über den gleichen Prozeßverlauf von Traumarbeit einerseits und der Schaffung von künstlerisch wertvollen Produkten andererseits wurde seit FREUDS Publikation der Traumtheorie viel spekuliert.

Wenn man noch wie KOESTLER (1964) die Konstruktion eines Witzes als kreativen Akt begreifen will, werden die Gemeinsamkeiten noch deutlicher, bestand doch FREUDS Auseinandersetzung mit dem Witz im wesentlichen darin, die für die Traumarbeit als gültig erachteten Gesetzmäßigkeiten auf die psychischen Vorgänge bei der Konstruktion von Witzen zu übertragen.

»Die Verwandtschaft des Witzes mit dem Traum und der Neurose beruht ... auf der Ähnlichkeit der Vorgänge bei der Traum- und der Witzbildung.« (RANK 1925)

Derselbe Autor will den Witz als ein Kunstwerk in nuce verstanden wissen. Eine Bestätigung dieser Ansicht kommt von ganz anderer, neurophysiologisch theoretisierender Seite.

»Opportunities for laughter are not generally held in such awe as opportunities for aesthetic appreciation. Yet there are affinities between the lowliest joke and the sublimest art, quite apart from the fact that they both present general theories of behavior with challenges which in most cases have not been taken up.« (BERLYNE 1960)

Ausgehend von seiner neurophysiologischen Aktivierungstheorie sieht BERLYNE die Parallelität von Witz und Kunstwerk in dem spannungsgeladenen Verhältnis von Simplizität einerseits und Neuheitscharakter andererseits, auf das wir bereits bei der Diskussion der Kriterienproblematik eingegangen sind. Dieses interindividuell sehr verschiedene Niveau der Komplexität, das als angenehm empfunden wird, soll die optimale allgemeine Aktivierung des retikulären Systems bewirken.

3. Traumarbeit und schöpferischer Prozeß

Es ist davon auszugehen, daß durch die neuere experimentelle Traumforschung, die sich neurophysiologischer Indikatoren zur Feststellung von Traumtätigkeit bedient, die FREUDsche Traumtheorie in ihren wesentlichen Teilen bestätigt wurde.
Oberflächlich betrachtet, besteht sie aus folgenden Variablen:

1. Der reaktivierende Faktor (Tagesrest).
2. Die unbewußten Phantasien. Sie werden durch den Tagesrest (fokaler Konflikt) reaktiviert. Sie bestimmen aber auch mit, was von den gespeicherten Tagesereignissen zur Verarbeitung im Traum kommt.
3. Die Traumarbeit. Sie ist der Prozeß, der die reaktivierten Phantasien so umformt, daß sie ein Stück weit zugelassen werden können, ohne über das Angstsignal, als Zeichen für eine zu starke Reaktivierung, den Schlaf zu stören.
4. Die sekundäre Verarbeitung. In ihr wird die regressive Traumsprache dem Wachdenken angenähert.
5. Der manifeste Traum. Dies ist die beim Erwachen gespeicherte Erinnerung an den Traum.

FREUD hat diese Befunde direkt auf den schöpferischen Prozeß übertragen:

»Von der an den Phantasien gewonnenen Einsicht her müßten wir folgenden Sachverhalt erwarten: Ein starkes aktuelles Erlebnis weckt im Dichter die Erinnerung an ein früheres, meist der Kindheit angehöriges Erlebnis auf, von welchem nun der Wunsch ausgeht, der sich in der Dichtung seine Erfüllung schafft. Die Dichtung selbst läßt sowohl Elemente des frischen Anlasses als auch der alten Erinnerung erkennen.«[26]

In der Traumarbeit selbst werden die inneren Assoziationen (Ähnlichkeit, Kausalität usw.) durch die sogenannten äußeren (Gleichzeitigkeit, Kontiguität im Raum, Gleichklang) ersetzt. Zwei wesentliche Unterschiede bestehen jedoch zwischen Witzschöpfung und Traumgeschehen.
Beim Witz wird die Sinnesmodalität nicht gewechselt. Sowohl die Darstellung als auch die Verdichtungsarbeit spielt sich an sprachlichem Material ab. Beim Traum sind große Teile der latenten Traumvorgänge nichtsprachlicher Art. Wir werden uns aus diesem Grunde intensiv mit den Assoziationsvorgängen zu beschäftigen haben.
Der weitere Unterschied ist der der sozialen Kontaktaufnahme. Nach FREUD ist der Traum ein vollkommen asoziales seelisches Produkt, wohingegen der Witz die sozialste aller auf Lustgewinn zielenden Leistungen ist[27]. Hier finden wir die schon bei der Unter-

scheidung von Neurosen und Kunstwerken getroffene Aufspaltung wieder.
Die Bewußtwerdung der latenten Trauminhalte, und nach FREUDS Ansicht jeder ursprünglich unbewußten Phantasie, geht über das System Vorbewußt. Dieses Konstrukt spielt für die Analyse des schöpferischen Prozesses eine zentrale Rolle.

4. Das System Vorbewußt

KUBIE (1966), obwohl praktizierender Psychoanalytiker, versteht den schöpferischen Akt fast ausschließlich durch das System Vorbewußt bestimmt.

»Schöpferisch ist, wer sich – heute noch recht zufällig – die Fähigkeit bewahrt hat, über seine vorbewußten Funktionen freier zu verfügen als andere, die im Grunde genau so begabt sind.«

Hier ist nicht mehr die Rede von der »rätselhaften schöpferischen Begabung«, sondern von der Verfügbarkeit bestimmter, meist sprachlich konzipierter Funktionen, die durch bestimmte Erziehungsstile gefördert oder verhindert werden können.

Kreativität ist nach diesem Schema
a) mehrheitlich von den Systemen Bewußt und Vorbewußt als vom System Unbewußt gesteuert;
b) der Einfluß des Unbewußten immer nur mittelbar über vorbewußte Vorgänge.

FREUD unterscheidet zwischen zwei Arten von nicht unmittelbar zugänglichen Sachverhalten: das nicht gegenwärtige, jedoch bewußtseinsfähige Gespeicherte und das ohne Fremdhilfe nicht bewußtseinsfähige Verdrängte. Ersteres wird vorbewußt, letzteres unbewußt genannt (FREUD 1923). Dabei gilt der Satz, daß alles Verdrängte unbewußt, aber nicht alles Unbewußte verdrängt ist. Teile der topographischen Region »Ich« sind auch nicht bewußtseinsfähig. Die Konfusion beruht darauf, daß ein und dasselbe Wort im Rahmen von zwei Teilmodellen verwendet wird. Das »Unbewußte« ist im topographischen Modell substantialisiert. Es wird als System betrachtet. Gleichzeitig wird das Wort adjektivisch verwendet und dient zur Kennzeichnung einer phänomenal nicht repräsentierten Gegebenheit.
Nach Meinung KUBIES ist die Streitfrage, ob kreative Menschen neurotisch sein müssen, um eine Quelle, ein energetisches Moment für schöpferisches Handeln zu haben, oder ob sie besonders stabil und triebfreudig sind, auf einen Irrtum zurückzuführen. Nicht mit der psychoanalytischen Theorie bewanderte Autoren werfen nämlich die verschiedenen topographischen Regionen in einem substan-

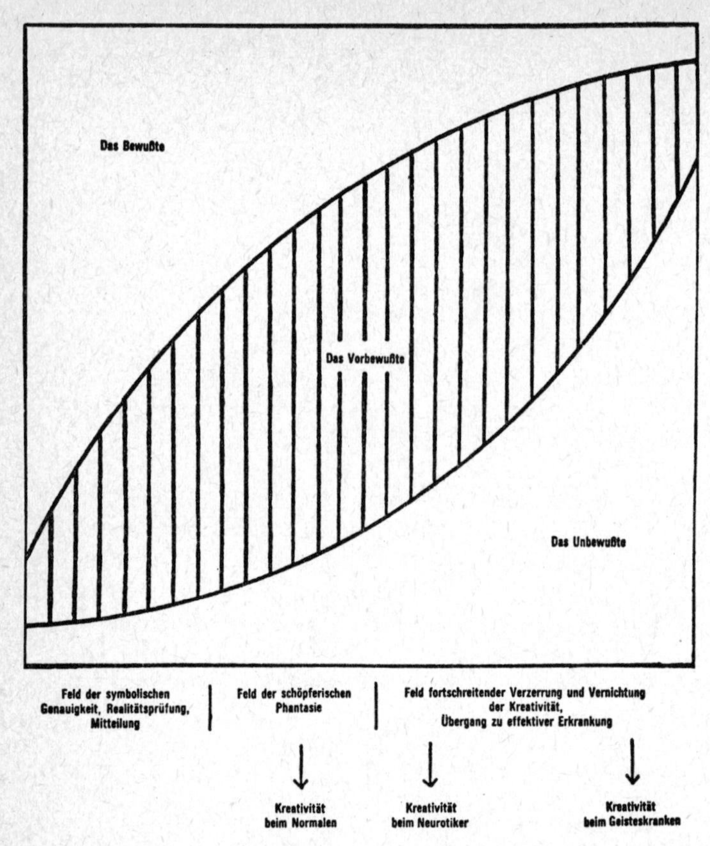

Abb. 1 Anteile der verschiedenen topographischen Regionen am schöpferischen Prozeß (aus KUBIE, Ernst: Die neurotische Deformation des schöpferischen Prozesses. Rowohlt Taschenbuchverlag GMBH, Reinbek 1966, rde. 244)

tialisierten Konstrukt zusammen. Dieser Vorwurf ist wohl besser so zu verstehen, daß die Forscher, die sich mit dem »Unbewußten« beschäftigen, im Regelfall weder mit der Wissenschaftstheorie noch mit der modernen psychologischen Methodik vertraut sind. Es sind gerade die Psychoanalytiker, die zur Substantialisierung von theoretischen Sachverhalten neigen. Diese Gefahr ist bei den tiefenpsychologischen Kreativitätsheoretikern besonders schwerwiegend und führt zu störenden pädagogischen Strategien, wie wir am Beispiel JUNGS bereits zu zeigen versucht hatten. Im schöpferisch tätigen Menschen wirken drei Homunculi, die den schöpferischen Prozeß in Gang bringen oder verhindern.

Trotz der offensichtlichen Gefahr dieser Theorie, die FREUD selbst noch am ehesten gesehen hat, scheint mir der Begriffsapparat der Psychoanalyse der einzige zu sein, der dem Phänomen der Kreativität als Verhaltens- und Denkstil, der den Rahmen der nur kognitiven Stile sprengt, gerecht werden kann. Er läßt sich aber in einer Art und Weise verwenden, der die Integration der wissenschaftlichen Befunde der akademischen Psychologie ermöglicht. Aus diesem Grunde stützen wir uns vor allem auf die Autoren, die neben der psychoanalytischen Theorie die Ergebnisse anderer psychologischer Schulen verarbeiten. Es sind dies vor allem MOSER (1968) und RAPAPORT (1951 und 1959). Ihre Ansätze berechtigen nicht zu dem früher häufig geäußerten Vorwurf, daß aus der Psychoanalyse keine falsifizierbaren Sätze deduziert werden könnten. So konstatiert MOSER, daß man sich auch in der Psychoanalyse daran gewöhnen müsse, anstelle des Verfahrens bestätigende Befunde für eine Hypothese zu suchen, auch Falsifikationsmethoden anzuwenden (MOSER 1968).

Allerdings ist die Überführung von Protokollsätzen in Basissätze, die beobachtbar sind, nach wie vor sehr schwierig, weil die Mehrzahl der Variablen als Teilsysteme einer mentalen Innenwelt verstanden werden, deren beobachtbare Derivate in den wenigsten Fällen in einer direkten Zuordnung zu den entsprechenden Konstrukten gedacht werden können, sondern meist das Ergebnis der Wechselwirkung mehrerer postulierter Größen sind. Sie sind überdeterminiert.

Der Unterschied zwischen unbewußten und vorbewußten Speicherungen liegt darin, daß vorbewußte Vorstellungen mit Worten verbunden sind. Bewußt kann nur werden, was schon einmal bewußte Wahrnehmung war. Jede Bewußtwerdung kann nur über die Verbindung mit sensorischen Reizen geschehen oder über den Umweg vorbewußter sprachlicher Mittelglieder.

5. Das System Vorbewußt und die freien Assoziationen

Die Breite dieser inneren Wahrnehmungen betrachten wir als eine theoretische Begründung für die Fähigkeit zu kreativem Denken. Die Verdrängung arbeitet nach FREUD so, daß sie die Übersetzung in Worte verhindert. »Die nicht in Worte gefaßte Vorstellung oder der nicht überbesetzte psychische Akt bleibt dann im Unbewußten als verdrängt zurück.« (FREUD 1923) Die analytische Arbeit besteht teilweise darin, daß auf dem Umweg über die freie Assoziation vorbewußte sprachliche Mittelglieder hergestellt werden. Behält man diese Ansichten FREUDS im Auge, ist es um so verwunderlicher, daß – soweit mir bekannt ist – keiner der Kreativitätsforscher, die auf assoziationspsychologischer Basis theoretisieren und experimentieren, die Verbindung zur Psychoanalyse gesehen hat, obwohl die Befunde von WALLACH u. KOGAN (1966) stellenweise als Bestätigung der FREUDschen Überlegungen gesehen werden können. So stellten sie fest, daß Jungen, die in einem Fragebogen hohe Verdrängungswerte aufweisen, geringe assoziative Kreativität zeigen, und erklären dies damit, daß die Nichtzulassung negativer Erfahrungen die assoziative Freiheit einschränken würde.

»The damping down of awareness concerning negative experiences and behaviors so characteristic of the defensive child can certainly be expected to inhibit the associative freedom that lies at the basis of creativity.« (WALLACH u. KOGAN 1966)

Wie die Untersucher zeigen konnten, sind es vor allem die unstrukturierten, ungewöhnlichen Situationen, die den hemmenden Einfluß der Abwehrfunktionen zur Geltung bringen, das heißt, daß Kreativitätstests, vor allem in der spielerischen Version, weitaus stärker negativ tangiert werden als konventionelle Intelligenztests. Die offen zugegebene Angst verhindert in milden Graden Kreativität weit weniger als extreme Abwehrmechanismen, die zur Angstvermeidung dienen.

Nach psychoanalytischer Ansicht basieren alle Abwehrmechanismen auf Gegenbesetzungsenergien. Die Verdrängung der hochbesetzten Triebrepräsentanten erfolgt auf dem Weg über die Gegenbesetzung. Die Gegenbesetzungen stammen, energetisch betrachtet, von den Trieben, bauen sich aber an den vorhandenen Ichstrukturen aus.

Im Regelfall wird der Triebwunsch so weit zugelassen, bis das Angstsignal auftaucht (MOSER 1968, RANGELL 1963). Wie notwendig Abwehrvorgänge sind, ist letztlich bestimmbar durch die Kennzeichnung der Situationen, die durch ihre psychologische Ähnlichkeit mit dem traumatischen Konflikt diesen reaktivieren und so das Angstsignal produzieren (FREUD 1926). Für denjenigen, der vor vielen Situationen Angst hat, ist der Spielraum möglichen Verhaltens und auch Lebens allgemein eingeengt. Diese Situationen werden vermieden. Vermeidungslernen ist nicht durch eigene Anstrengungen korrigierbar (EYSENCK 1968, HOFSTÄTTER 1966). Nun sind es aber natürlich nicht die Situationen an sich, sondern die sie begleitenden Phantasien und Gedanken, die, indem sie reaktiviert werden, das Angstsignal notwendig machen. Man tut also gut daran, nicht die physikalischen Attribute von Situationen zu untersuchen, sondern die kognitiven Repräsentationen derselben.

Die Untersuchung der freien Assoziationen eignen sich besonders für die Abgrenzung eines angstfreien Feldes um eine bestimmte Situation, einmal, weil sie mit dem System Vorbewußt, das ja von KUBIE für nahezu deckungsgleich mit schöpferischem Potential angesehen wird, sehr eng verknüpft sind, zum andern, weil in diesem Gebiet empirische Untersuchungen am ehesten möglich sind. Eine weitere theoretische Begründung, Assoziationen als Maß für Kreativität zu verwenden, finden wir in RAPAPORTS Denktheorie (1951). Nach seiner Ansicht sind vorbewußt meist sprachliche Vorstellungen, die aktivierbar, aber aufgrund der gegenwärtigen geringen Besetzung nicht bewußt sind. Sie unterliegen auf jeden Fall keiner Gegenbesetzung. Die Bewußtwerdung geschieht über den Einsatz von willentlich verfügbarer Aufmerksamkeitsbesetzung (Hypercathexis oder attentioncathexis). Damit ist der vorhandene Satz an überhaupt Gespeichertem auf zweierlei Weise beschränkt:

1. Bestimmte Inhalte können durch Gegenbesetzung prinzipiell verdrängt werden. Sie entfallen aus dem System Vorbewußt.
2. Nach psychoanalytischer Ansicht ist die Besetzungsenergie gesamthaft limitiert. Wenn also sehr viel davon für Gegenbesetzungen verwendet werden muß, ist der Rest an Hypercathexen gering, so daß die bereits inhaltlich limitierten Erinnerungen auch noch geringe Aufmerksamkeitsbesetzung erfahren. Die Intensität der Reaktivierung bestimmter, prinzipiell zugänglicher Sachverhalte ist gering.

Diese Intensitätsdimension im Sinne von RAPAPORT ist der Theorie vom allgemeinen Aktivierungsgrad BERLYNES (1960) sehr nahe verwandt.
Im ersten Teil unerer Arbeit hatten wir einige Bedenken geäußert, ob man an einem so spezifischen Vorgang wie dem Assoziieren »Kreativität« messen könne. Die Problematik hat inzwischen an Schärfe verloren, beanspruchen wir doch gar nicht, »Kreativität« als solche zu messen, sondern wir versuchen, die Validierung des Konstruktes Kreativität ein Stück voranzutreiben. KUBIE (1966) allerdings ist der Ansicht, daß zwischen dem schöpferischen Prozeß in Kunst und Wissenschaft und den Vorgängen der freien Assoziation eine Analogie besteht, die beinahe Identität bedeutet. Er begründet diese Ansicht folgendermaßen:

»Dies rührt daher, daß es unmöglich ist, freie Assoziationen hervorzubringen, also frei Phantasie und Schöpferkraft zu entwickeln, wenn man im Augenblick der Freiheit das, woran man arbeitet, unter wacher kritischer Kontrolle zu halten sucht ... Jede rückschauende Einsicht in freie Assoziationen muß sich deshalb eines distanzierten Beobachters bedienen oder einer automatischen Aufzeichnungsvorrichtung. Der schöpferische Wissenschaftler oder Künstler verfährt ebenso: Erst muß er sein Werk hinstellen, dann legt er es beiseite und läßt einige Zeit verstreichen, bevor er sich ihm wieder zuwendet, dann freilich mit objektivem kritischen Blick und ohne das im Augenblick des Schaffens übermächtige Bestreben, sich mit ihm zu identifizieren oder es zu verteidigen.«

Abgesehen davon, daß diese Phaseneinteilung des Handelns schöpferischer Menschen durchaus nicht unwidersprochen ist, bleibt die Frage nach der Tragfähigkeit solcher Analogien offen. Ein von der Erscheinungsweise gleiches Verhalten garantiert in keiner Weise den identischen Ablauf der zugrundeliegenden Prozesse.
Weiters scheint die Wichtigkeit der Sprache doch etwas überschätzt – wahrscheinlich, weil die Mehrzahl der Psychoanalytiker bei Kunst vorwiegend an Literatur gedacht hat. Es gibt aber wesentliche Bereiche künstlerischer Manifestationen, die eher durch motorische Ablaufsgesetzlichkeiten bestimmt sind als durch solche sprachlicher Art. Wie HARTMANN (1970) experimentell nachgewiesen hat, sind es gerade diese Künstler, die im LSD-Rausch weiterhin produktiv tätig sein können, wohingegen die Künstler, die kognitive Konzepte sprachlicher Art realisieren, starke Arbeitsstörungen zeigen.

II. Assoziationstheoretische Kreativitätstheorien

1. Die Theorie von Mednick

MEDNICK versteht unter Kreativität den Prozeß der Umformung assoziativer Elemente zu neuen Kombinationen. Die Ergebnisse dieser Umformungen müssen in irgendeiner Weise nützlich sein oder sonstigen spezifischen Anforderungen genügen. Je entfernter die in die neue Lösung eingehenden Elemente vordem waren, desto kreativer ist der Prozeß.
An anderer Stelle spricht er nicht von der Umformung assoziativer Elemente, sondern von kognitiven Einheiten. Dies ist insofern bedeutsam, als er den Nachweis zu führen sucht, daß die Assoziationen am ehesten als repräsentative Stichprobe aller kognitiven Elemente zu verwenden sind.

»If the test is to be appropriate for all fields of creative endeavor, the material must either be nonsensical so as to avoid bias favoring any specific means of creative expression, or it must be so common in society that familiarity could be assumed to be high across fields of interests.«

MEDNICK hält die Probleme der Konstruktion von Tests, die auf sinnlosem Material basieren, für unüberwindbar, ist es doch zusehends schwieriger geworden, den Begriff »sinnloses Material« aufrechtzuerhalten. Nur sprachliches Material genügt den Anforderungen an allgemein voraussetzbare Bekanntheit in einer Kultur. Deshalb haben die Autoren die Assoziationen zur Grundlage ihres Tests gemacht.
MEDNICKs Argumente sind schwerwiegend. Trotzdem scheinen sie erst im nachhinein konzipiert worden zu sein, da er bereits in

seiner theoretischen Aussage über den kreativen Prozeß von assoziativen Elementen spricht und nicht von kognitiven Einheiten. Weiters kann man mit einigem Recht bezweifeln, ob denn alle Bevölkerungsteile mit sprachlichem Material gleich vertraut sind, auch wenn es sich um so basale Phänomene wie die assoziativen Verknüpfungen zwischen Einheiten dieser Sprache handelt. ROSENZWEIGS Untersuchungen zur Assoziationsstruktur bestimmter Berufsgruppen haben dies widerlegt (ROSENZWEIG 1964).
Auf der Grundlage dieser Überlegungen konstruieren die Autoren den »Remote Association Test« (RAT). Es werden jeweils drei Worte pro Item vorgegeben, die alle zu einem gemeinsamen dritten in enger assoziativer Verknüpfung stehen. Untereinander sind sie kaum in assoziativer Verbindung. Die Aufgabe der Versuchsperson ist es nun, die vermittelnde Assoziation zu finden.
Ein ad hoc konstruiertes deutsches Beispiel könnte folgendermaßen lauten: Maus – Löcher – Schweiz. Die vermittelnde Assoziation ist in diesem Fall Käse. Eine wörtliche Übersetzung der Items aus dem Englischen ist aus begreiflichen Gründen nicht möglich[28]. Die Schwierigkeit der Items wird dadurch kontinuierlich verstärkt, daß die Assoziationsstärke der vorgegebenen Reizwörter zum herauszufindenden Mittelglied vermindert wird.
Der Test weist beeindruckende Korrelationen zu den Urteilen von Sachverständigen, die Aussagen über die Kreativität ihrer Schüler machten, auf. MEDNICK untersuchte die Kovariation der RAT-Werte mit dem Urteil von Collegelehrern über die Kreativität von Architekturstudenten. Es ergab sich ein Koeffizient von $r = 0{,}70$. Bei 19 Freiheitsgraden ist ein solcher Wert mit weniger als 1% Wahrscheinlichkeit durch Zufall zu erwarten (zitiert nach MEDNICK 1962). Eine Extremgruppenvalidierung des Tests an Psychologiestudenten ergab ebenfalls signifikante Ergebnisse. Die Reliabilität liegt bei 0,92 in einer befriedigenden Größenordnung. Es fehlen allerdings Angaben über die Art der Reliabilitätsgewinnung. Es kann sich bei der Natur des Tests wohl nur um split-half Verfahren gehandelt haben.

2. Die Theorie von Wallach und Kogan

MEDNICKS theoretische Grundlage wurde kaum modifiziert, wohl aber die Operationalisierung. Es wird behauptet, man könne aufgrund unterschiedlicher Assoziationsverläufe zwei Gruppen von Versuchspersonen unterscheiden. Während die eine Gruppe ihr Assoziationsreservoir auf ein Reizwort hin rasch und mit geringer Latenzzeit entleert, ist die Produktion der anderen Gruppe verlangsamt, dafür aber absolut größer und origineller. In der graphischen Darstellung in Abb. 2 ist auf der Abszisse die Stereotypie bzw. Ein-

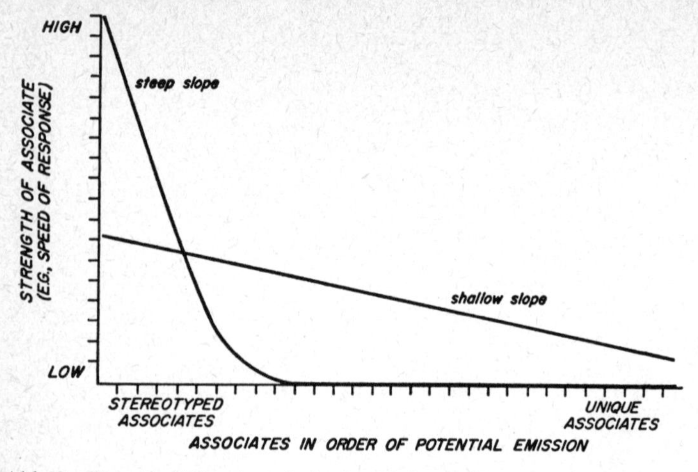

Abb. 2 Hypothetische Assoziationsverläufe von Kreativen und weniger Kreativen (aus WALLACH, M. A., N. KOGAN: Modes of thinking in young children. Holt, Rinehart and Winston, inc., New York, London 1966. Fig. 3.2)

maligkeit der Produktion, auf der Ordinate die Assoziationsstärke aufgetragen.

Die Kreativen zeichnen sich durch eine flache, auf der Ordinate niedriger ansetzende, aber später gegen Null gehende Funktion aus. Aus diesem Grund ist die von der Kurve insgesamt bedeckte Fläche größer als bei der anderen Gruppe, deren Assoziationsstärkenverlauf hoch ansetzt, aber schnell gegen Null geht. Den weniger Kreativen fallen also rasch einige wenige konforme Assoziationen ein.

Für dieses Modell kann man wahrscheinlichkeitstheoretische Überlegungen geltend machen. Die Träger vieler kognitiver Elemente, also von vielen unter einen Begriff oder eine Situation zu subsumierenden Denkmöglichkeiten, müssen für den Entscheidungsvorgang für eine davon zwischen vielen Möglichkeiten wählen, benötigen also für eine definitive Entscheidung länger als Menschen mit wenigen Denkmöglichkeiten. In Ergänzung der Erläuterungen der beiden Autoren muß jedoch noch hinzugefügt werden, daß es sich bei den beiden Funktionen im Schema um Reproduktionsverläufe handelt. Man kann auf diese Art wohl feststellen, was aus einem Speicher abrufbar ist, nicht jedoch, was tatsächlich alles enthalten ist.

Auf der Grundlage dieser theoretischen Erwägungen verzichteten WALLACH u. KOGAN jedoch auf die Verwendung des RAT und schufen sich eigene Assoziationstests, die sich sowohl in der Art der

Durchführung als auch im Inhalt kaum mehr von der psychoanalytischen Technik der freien Assoziationen unterscheiden.
Auf die Einhaltung folgender Gesichtspunkte legen WALLACH u. KOGAN sehr großen Wert:
a) Durchführung im Einzelversuch
b) Große Vertrautheit der Versuchspersonen mit dem Versuchsleiter
c) Vermeidung jedes Leistungsdrucks
d) Spielerische Art der Durchführung
Vergleicht man diese Art der Durchführung und des situativen Arrangements mit derjenigen der konventionellen Intelligenz- und Kreativitätstests, muß man sich allerdings mit dem Gedanken vertraut machen, daß es eben diese Testtechnik ist, die die Erfassung von solchen kognitiven Funktionen verunmöglicht hat.
Die genaue Kennzeichnung und Beschreibung der Tests und der Art der Durchführung wird im nächsten Teil der Arbeit geleistet.

3. Kritische Würdigung

Eine Verknüpfung von assoziationstheoretischen Kreativitätskonzepten mit psychoanalytischen Gedankengängen erscheint mir aus folgenden Gründen notwendig:
Die experimentalpsychologisch fundierten Assoziationstheorien machen kaum Aussagen über die Entstehungsgeschichte der verschiedenen Assoziationsreservoire. Sie begnügen sich damit, festzustellen, daß sich Kreative durch größere Assoziationsreservoire gegenüber Nichtkreativen auszeichnen. Kreative assoziieren viel mehr Ideen insgesamt und vor allem auch mehr ungewöhnliche. (MEDNICK 1963)
Die entscheidenden Grundlagen dieser Konzeption übernehmen auch WALLACH u. KOGAN, allerdings mit einigen später zu besprechenden Modifikationen. Es bleibt jedoch die Frage offen, wie denn die sich so auszeichnenden Hochkreativen dieses größere Assoziationsreservoir erworben haben. Folgende Möglichkeiten zur Klärung dieser Frage sind denkbar:
1. Hochkreative haben zu bestimmten Reizwörtern mehr Wissen bzw. Einfälle erworben. Dafür gibt es empirische Stützen (MEDNICK 1964). Allerdings taucht damit die Frage auf, wie denn ein solches Konzept von der bisherigen Testintelligenz getrennt werden soll. Dieses Problem ist nach wie vor ungeklärt, da es sich widersprechende empirische Befunde gibt. CROPLEY (1966) sah sich gezwungen, den Remote Association Test von MEDNICK aus der Testbatterie für divergentes Denken auszuscheiden, weil er sich in seiner faktoriellen Struktur von den Tests für konvergentes Denken nicht unterschied.

»A finding which should be mentioned in passing is connected with the failure of the RAT-type test to correlate highly with either the orthogonal or the oblique ›divergent‹ factors. Despite MEDNICK's claim that the RAT is an associatively-based test of creativity, it correlated significantly with Academic Average and Verbal I.Q., and had near zero loadings on the ›divergent‹ factors.« (CROPLEY 1966)

Es sei hier vermerkt, ohne der Diskussion über die Zusammenhänge zwischen Intelligenz und Kreativität vorzugreifen, daß auch die anderen Kreativitätstests vom Intelligenztest nicht unabhängig waren, so daß CROPLEY eine schiefwinklige Rotation durchführen mußte, mit dem Erfolg, daß sich zwischen Kreativitäts- und Intelligenzfaktor eine Korrelation von 0,514 ergab.
In einer Untersuchung von GROTE u. Mitarb. (1969) an Hamburger Schulkindern ergab sich eine durchschnittliche Korrelation von $r = +0{,}31$ zwischen den Items der Kreativitätstests von WALLACH u. KOGAN und dem Intelligenzquotienten. Die verbalen Items korrelierten sogar zu $+.39$ mit den Intelligenzquotienten.
Diesen Befunden stehen die Untersuchungen von WALLACH u. KOGAN (1966) und KOGAN u. MORGAN (1967) gegenüber, die sowohl bei Durchführung im Gruppenrahmen als auch bei Einzelversuchen Nullkorrelationen zwischen IQ und assoziationstheoretischen Kreativitätsmaßen erzielten.
Vollends konfus wird das Problemfeld durch sich widersprechende Aussagen der Testautoren selbst. So sollen die Hochkreativen einerseits besonders viel wissen (MEDNICK 1964), andererseits soll starke Konzentration und umfangreiches Wissen über eine Sache die Wahrscheinlichkeit einer kreativen Lösung durch funktionale Fixierung verhindern. Um diese Widersprüchlichkeiten zu lösen, scheint es unumgänglich, die statischen assoziationstheoretischen Modelle durch die dynamischen Befunde der Psychoanalyse zu erweitern.
2. Hochkreative unterscheiden sich von Niedrigkreativen nicht nur in der Anzahl der kognitiven Elemente, die sie zu einem bestimmten Problem erworben haben. Eine weitere zu berücksichtigende Variable ist die Verfügbarkeit respektive Abrufbarkeit dieser kognitiven Elemente. Sie können wohl gespeichert, aber nicht zugänglich sein. GOWAN vertritt unter Bezugnahme auf die Forschungen von MASLOW (1959) die gleiche Ansicht[24]. Einen rudimentären theoretischen Ansatz zur Einführung solcher Überlegungen findet man auch bei MEDNICK und WALLACH u. KOGAN. So soll ja die Assoziationsstärke bei Hochkreativen auch bei maximal geläufigen Assoziationen geringer sein als bei den Wenigkreativen. Die von der Kurve bedeckte Fläche im zweidimensionalen System soll jedoch bei den Kreativen insgesamt größer sein. Es scheint mir sehr naheliegend, diese Summe der assoziativen Responsestärke

(Integral unter den verschiedenen Kurven) in Beziehung zu dem Konstrukt der Psychoanalyse »Summe der verfügbaren Aufmerksamkeitscathexen« zu setzen und damit eine Brücke zu den dynamischen Konzepten des Assoziierens und der Kreativität zu schlagen. Ein Verzicht auf die Integration dieser beiden so heterogen erscheinenden Forschungsrichtungen bedeutet eine freiwillige Einschränkung des Aussageradius der Kreativitätstheorie.
Eine Festlegung auf eine statisch assoziationstheoretische Theorie bedeutet die Vernachlässigung wesentlicher Befunde der Gedächtnisforschung. So ist das Fehlen einer ehemals vorhandenen Verbindung zwischen einem Stimulus und einer Response nicht nur Folge der Länge des zwischen Abschluß der Lernphase und Beginn der Reproduktion verstrichenen Zeitraums, sondern vor allem der Störungen, die in diesem Zeitraum statthatten. Klinische Forschungen zeigen, daß durch Traumatisierung, z. B. hypnotische Einführung eines Konfliktes, ganze kognitive Felder auf einmal nicht mehr verfügbar und abrufbar sind, ohne im mindesten als Habits verschwunden, d. h. ohne gelöscht zu sein. Nach Beseitigung des Konfliktes sind sie wieder verfügbar. Andererseits haben die psychoanalytischen Konzepte, die ja großenteils Aussagen über eine mentale Innenwelt machen, große Schwierigkeiten mit der Operationalisierung durch Verhaltensdaten. Die psychometrische Erfassung der assoziativen Felder stellt eine Möglichkeit zur Bewältigung dieser Probleme dar.

III. Zusammenfassung

1. Das psychoanalytische System »Vorbewußt« ist sprachlich konzipiert. Inwieweit etwas bewußt werden kann, ist davon abhängig, ob die vorhandenen Sachverhalte sprachlich kodifiziert sind. Diesem System »Vorbewußt« setzen wir das experimentalpsychologische Konzept Assoziationsreservoir gleich. Es ist prinzipiell und grundsätzlich limitiert durch die bis zum Zeitpunkt der Abrufung absolvierten Lernprogramme. Was nie verbunden war, sei es direkt oder durch sprachliche Mittelglieder (mediating responses), kann auch nicht reproduziert werden. Was diese notwendige Bedingung für das Entstehen kognitiver Felder angeht, sehe ich keinen Grund, zwischen Intelligenz und Kreativität zu trennen.
Man kann diesen Gedanken polemisch so formulieren: Wo keine kognitiven Elemente vorhanden sind, kann man sie auch nicht – kreativ oder nichtkreativ – zusammenfügen oder umordnen. Diese notwendige Grundlage jedes denkenden Handelns wird von der psychoanalytischen Theorie im Regelfall sträflich vernachlässigt.
2. Auf der Grundlage eines gewissen Mindestreservoirs an kogniti-

ven Elementen entscheiden dynamische Faktoren über die Besonderheit, Fülle und Reichhaltigkeit der kognitiven Produktionen. Zur Erklärung dieser Prozesse bedienen wir uns folgender Konstrukte: Was aus einem vorhandenen Satz an Gelerntem verfügbar ist, ist auf zweierlei Weisen bestimmt:

a) Bestimmte Spuren können durch Gegenbesetzung prinzipiell nicht aktivierbar sein. Sie sind unbewußt, weil sie verdrängt werden müssen. Ihre bewußtseinsmäßige Präsenz stört das Wohlbefinden, weil sie über die Verbindung mit einer traumatischen Situation das Angstsignal hervorrufen.

b) Die Besetzungsenergie ist gesamthaft begrenzt. Menschen, die zur Aufrechterhaltung ihres Wohlbefindens auf viele Abwehrsysteme angewiesen sind, haben nur mehr wenig Besetzungsenergie übrig, um die noch prinzipiell zugänglichen vorbewußten sprachlichen Mittelglieder bewußt werden zu lassen.

Aus diesen Postulaten lassen sich einige Hypothesen für die Beziehung zwischen Kreativität und Intelligenz einerseits und Kreativität und bestimmten Erziehungsstilen andererseits deduzieren.

Hypothesen

1. Wir erwarten, wenn wir das Gesamtspektrum an möglicher Intelligenz in Rechnung stellen, eine enge Beziehung zwischen IQ und Kreativität; dies vor allem, wenn letztere über assoziationspsychologische Konstrukte operationalisiert wird. Die enge Bindung beider Maße an die Verfügbarkeit sprachlicher Mittelglieder läßt eine solche Beziehung wahrscheinlich werden.
2. Ab einem Schwellenwert der Testintelligenz sinkt die Beziehung zwischen dieser und der Kreativität.
3. Ab einem Schwellenwert der Testintelligenz steigt der Beitrag der Kreativität zu den Denkleistungen überhaupt.
4. In den wenigen Fällen, in denen Kreativität bei geringerer Testintelligenz auftritt, wirkt diese auf die Denkleistungen überhaupt störend. Es kommt zu bizarren, unkontrollierten Einfällen.
5. Erziehungs- und Lehrstile, die angstauslösend sind, verhindern die Entstehung eines kreativen Denkstiles auf zweierlei Arten:

a) Die vorsprachlichen Ordnungsrelationen (Triebzustand als Invariante der Situation) werden verdrängt.

b) Die zahllosen, für die Aufrechterhaltung des psychischen Wohlbefindens notwendigen Abwehrmechanismen beschränken die verfügbare Besetzungsenergie. Neben der inhaltlichen Einschränkung der überhaupt zugänglichen Erlebnisfelder ist Verringerung der Intensität des Erlebens in den zugänglichen Gebieten zu erwarten.

6. Konformität des Verhaltens und Denkens ist über das gemeinsame Zwischenglied »Anzahl der angstauslösenden Situationen« ver-

bunden. Im Sinne eines Vermeidungslernens werden sowohl Gedanken (»pure stimulus acts«, also Verhalten im Sinne der Lerntheorie) als auch nach außen in Erscheinung tretendes Handeln (overt behavior), die angstauslösend sind, vermieden. Je mehr Situationen dieses Charakteristikum für ein Individuum aufweisen, desto enger wird das Erlebnisfeld.

7. Aufgrund der Bestrafung nichtkonformer Handlungen des Kindes verbleiben lediglich die gesellschaftlich tolerierten und häufigen Verhaltens- und Denkstile angstfrei.

8. Die Schule fördert aus verschiedenen, noch zu diskutierenden Gründen konformes Verhalten und bestraft nichtkonformes. Die Belohnungs- und Bestrafungsbedingungen der Schule sind dazu geeignet, unabhängig von der Erziehungssituation im Elternhaus, kreatives Verhalten zu eliminieren.

EMPIRISCHER TEIL

A. Versuchsdurchführung

I. Stichprobenbildung

Die Versuche wurden an 202 Kindern der vierten Grundschulklasse durchgeführt. Dank dem Entgegenkommen des Oberschulamtes Tübingen konnte die Untersuchung an sechs Klassen des Schulamtes Reutlingen vorgenommen werden. Im Rahmen des Streubereichs dieses Gebietes wurde hinsichtlich der Ortsgröße stratifiziert.

Tabelle 4 Verteilung der Kinder auf verschiedene Schulorte

Einwohnerzahl des Schulortes	Anzahl der untersuchten Kinder
unter 1000	17
2000 bis 5000	46
5000 bis 10 000	97
über 10 000	42
Summe	202

Die Erfassung größerer Städte war im Bereich des Schulamtes Reutlingen nicht möglich. Aus den gleichen Gründen ist die Kategorie der Schulorte mit über 10 000 Einwohnern durch zu wenig Kinder vertreten. Diese Einschränkungen haben zweifellos Einfluß auf die Generalisierbarkeit unserer Ergebnisse.
Die vierte Grundschulklasse wurde ausgewählt, um die Vergleichbarkeit mit den Originaluntersuchungen von WALLACH u. KOGAN zu gewährleisten. Zusätzlich ist in dieser Altersstufe, vor der Trennung in Hauptschüler und Absolventen weiterführender Schulen, der Streubereich intelligenter Leistungen größer als nach dieser Aufspaltung. Schließlich wollten wir weniger den Einfluß der verschiedenen Schulen auf die Kreativität als in einer homogenen Schulsituation die Zusammenhänge zwischen den verschiedenen Variablen untersuchen. Hätten wir die Versuche in verschiedenen Schultypen durchgeführt, wäre eine Vergrößerung der Stichprobe unumgänglich gewesen, da die Varianz zwischen den Gruppen bedeutsamer geworden wäre als die Varianz innerhalb derselben.
Das Durchschnittsalter der Kinder lag bei ca. 9 Jahren und 9 Monaten. Sie standen unmittelbar vor dem Osterzeugnis, das über ihr weiteres schulisches Schicksal entscheiden sollte.

II. Auslese der Kreativitätstests

Nach genauem Studium der Kreativitätstests von Torrance (1969) und Getzels u. Jackson (1962) entschlossen wir uns dazu, diese Art von Tests nicht zu verwenden.

1. Minnesota Tests of Creative Thinking

Die Minnesota Tests of Creative Thinking, die unter der Leitung von E. Paul Torrance entwickelt wurden und in einer »research edition« im Handel sind, zeigen folgenden Aufbau:

Untertest 1: Figuren ergänzen
In diesem auf Barron (1957) zurückgehenden Test wird von der Versuchsperson verlangt, daß sie sechs unvollständige graphische Entwürfe in möglichst origineller Weise vervollständigt. Die Art der Aufgaben ist mit dem Wartegg-Zeichentest vergleichbar, obgleich Instruktion und Auswertung auf die Erfassung anderer Dimensionen abzielen.
Es existieren zwei Parallelformen, für die beide eine Zeitbegrenzung von zehn Minuten gesetzt ist. In der Instruktion werden die Kinder aufgefordert, möglichst viele interessante, einmalige und vollständige Zeichnungen zu produzieren. Die Auswertung erfolgt durch ein Punktesystem, mit dem die Originalität, die Geschlossenheit, die Komplexität und die Anzahl der Zeichnungen erfaßt werden soll.

Untertest 2: Ungewöhnliche Verwendungen
Die Kinder werden gebeten, sich möglichst viele kluge, interessante und einmalige Verwendungsmöglichkeiten für eine Konservendose auszudenken. Gescort wird die Anzahl der Lösungen (Produktivität), die Flexibilität (Anzahl der verschiedenen Begriffskategorien) und die Seltenheit (Originalität).

Untertest 3: Verbesserungsvorschläge
Den Kindern wird ein Spielzeughund gezeigt. Sie sollen sich nun möglichst viele kluge und interessante Ideen einfallen lassen, wie man diesen Gegenstand so verbessern kann, daß das Spielen mit ihm mehr Freude macht. Wiederum werden die Seltenheit und die Anzahl der verschiedenen Verbesserungskategorien (Material oder Funktionsveränderung) beurteilt. Dazu wird noch ein neues Maß verwendet, das »inventive level« genannt wird. Es ist aus den U.S.-Patentvorschriften übernommen und stellt ein Ratingverfahren hinsichtlich der Konstruktivität und Progressivität von Erfindungen dar. Die Auswertung aller Tests geschieht so, daß jede Lö-

sung mehrfach beurteilt wird. Eine Antwort oder Zeichnung wird also sowohl hinsichtlich ihrer Originalität als auch der Komplexität beurteilt. Die Originalität einer Lösung wird über die statistische Häufigkeit in der Eichstichprobe erfaßt. Mit steigender Häufigkeit wird ein geringerer Punktwert gegeben. Das Maß Geschlossenheit (closure) des Tests *Figuren ergänzen* bezieht sich auf die Tendenz zum unmittelbaren Schließen von Gestalten, der Kreative besser widerstehen können sollen. Unter Komplexität versteht TORRANCE den Detailreichtum bei der Ausarbeitung einer grundlegenden Idee. Kinder, die eine einmal gefundene Lösung reichhaltig ausschmücken, bekommen einen hohen Wert.

Kritische Würdigung

Nach einer probeweisen Durchführung des Tests ergaben sich folgende Schwierigkeiten:
1. Die zur Verfügung stehende Zeit ist zu kurz. Deshalb sind die Maße nicht unabhängig voneinander. Wer seine Zeit für eine genaue Ausarbeitung der Zeichnungen beim Test *Figuren ergänzen* verwendet, bekommt einen hohen Score für Komplexität, jedoch einen geringen für Produktivität, da er in der vorhandenen Zeit nur wenig Vorlagen bearbeiten kann. Produktivität und Originalität hängen positiv zusammen, da mit steigender Anzahl von Ideen zumindest die Wahrscheinlichkeit, daß darunter eine statistisch seltene ist, größer wird.
Unter Bezugnahme auf das gleiche Problem stellt GOLDMANN (1964) fest, daß das Zeitlimit einiger Untertests für Kreative zu kurz ist.
2. Die auf den ersten Blick operational definierten Auswertungsrichtlinien sind letztlich doch Ratingskalen, die komplexe Urteilsprozesse verlangen. Wenngleich von YAMAMOTO hohe Auswerterübereinstimmung referiert wird (absoluter Streubereich zwischen 0,84 und 1,00), muß dieses Problem im Auge behalten werden.
3. Wir erfahren nichts über die Interkorrelation dieser verschiedenen Dimensionen. Da sie einmal nicht logisch unabhängig sind, zum anderen in ihren Beziehungen zur Intelligenz nicht dargestellt werden, scheint die Bildung eines summativen Kreativitätsscores durch Addition der Dimensionen fragwürdig.
4. Die schwerwiegendsten Einwände stammen aber aus der Diskussion der Validität, die wir bereits im ersten Teil aufgeführt haben.
Ob das in diesen Tests gezeigte Verhalten wirklich Kreativität anzeigt, kann nicht eindeutig festgestellt werden, solange der Testautor keine theoretischen Aussagen über Kreativität macht. Die Frage nach der Validierung wird auf den Nachweis der Repräsentativität des Testverhaltens für kreatives Alltagsverhalten reduziert.

VERNON (1964) konstatiert unter Bezugnahme auf die TORRANCE-Tests folgendes:

»Just because a set of tests looks as though it involves creativity and gives lowish correlations with g, v, or k tests does not mean that it measures what we recognize as creativity in daily life, unless we can show that they actually differentiate between adults or children known in other grounds to be creative and non creative and that they are considerably more valid for this purpose than g or other tests.«

Ob die TORRANCE-Tests niedrigere Korrelationen zu den Intelligenztests aufweisen, scheint mir noch nicht gesichert. Die testähnliche Situation, die durch die Instruktion aufgebaut wird, scheint die problemorientierte Motivation, die CRUTCHFIELD für jede Art kreativer Betätigung für notwendig hält, nicht aufkommen zu lassen. Besonders bedenklich stimmt die immer wiederkehrende Aufforderung, Ideen zu produzieren, die sonst niemand in der Klasse hat. Die von anderen Autoren geforderte nichtschulische Atmosphäre kann sich unter diesen Bedingungen nur schwer einstellen.

2. Die Kreativitätstests von Getzels und Jackson

Die Untersuchung der beiden Autoren, die im Jahre 1962 veröffentlicht wurde, hat der Kreativitätsdiskussion im schulischen Bereich großen Auftrieb gegeben. Ihre auf die Kreativität gestützte Erklärung des Phänomens der »overachiever« hat mittlerweile unter dem Namen »GETZELS-JACKSON-Phänomen« in die Fachliteratur Eingang gefunden.
Gerade wegen der Bedeutung dieser Hypothesen wurde die Untersuchung einer scharfen methodischen Kritik unterzogen (FLESCHER, zitiert nach MÜHLE u. SCHELL 1970, THORNDIKE 1966, WALLACH u. KOGAN 1966, EISENMANN, RUSSEL u. Mitarb., zitiert nach MÜHLE 1970).
Ehe wir auf diese kritischen Überlegungen eingehen, wollen wir die Tests kurz schildern.

Untertest 1: Wortassoziationen
Die Kinder sollen zu 25 häufig vorkommenden Wörtern alle ihnen einfallenden homonymen Bedeutungen aufschreiben. Beispielsweise könnten auf das englische Wort »bark« folgende Antworten gegeben werden: tree, dog, seal, boat. Als Scores dient die Anzahl der überhaupt gegebenen Antworten und die Anzahl der verschiedenen Kategorien, in die diese Definitionen eingeordnet werden können.

Untertest 2: Verwendungsmöglichkeiten
Dem bei TORRANCE geschilderten Test »ungewöhnliche Verwendungen« nicht unähnlich, wird auch hier die Produktion seltener

und ungewöhnlicher Verwendungsmöglichkeiten für triviale Dinge verlangt. Allerdings werden mehrere Items angeboten und der Hinweis auf die zu erreichende Originalität fehlt. Die Auswertung erfolgt ebenfalls nach der Anzahl der gelieferten Einfälle und ihrer Seltenheit.

Untertest 3: Versteckte Figuren
Dieser Test wurde aus CATTELLS Objective Analytic Test Battery übernommen. Er ist von der Problemstellung her mit den GOTTSCHALDT-Figuren verwandt. Die Kinder bekommen hintereinander 18 geometrische Figuren vorgelegt. Nach jedem Item sollen sie aus vier komplexen Figuren die heraussuchen, die die einfachere eben gezeigte geometrische Konstellation enthält. Nach CATTELL soll dieser Test vor allem kritische Exaktheit erfassen. GETZELS u. JACKSON haben ihn aufgenommen, weil der Test anscheinend die Fähigkeit, wesentliche Sachverhalte schnell zu perzipieren, mißt. Die Zeitgrenze liegt bei 3 1/2 Minuten.

Untertest 4: Fabeln
In dieser Testsituation werden den Versuchspersonen Geschichten vorgelegt, deren Schluß offengelassen ist. Es sollen nun drei verschiedene Schlüsse erfunden werden, und zwar ein »moralischer«, ein »humorvoller« und ein »trauriger«. Ausgewertet wird die Genauigkeit und Güte der Beendigungen.

Untertest 5: Probleme konstruieren
Ausgehend von vorgegebenen Problemen, in denen in einer geschilderten alltäglichen Situation der Umgang mit Zahlen erfordert wird, sollen die Versuchspersonen selbst neue Fragestellungen und Probleme konstruieren. Die Lösung derselben wird nicht verlangt. Ausgewertet wird die Anzahl der geschilderten möglichen Probleme und die Anzahl der in ihnen enthaltenen Rechenoperationen.

Kritische Würdigung

Wie wir aus der Tab. 5 entnehmen können, sind die Korrelationen zwischen den Kreativitätstests und den konventionellen Intelligenztests annähernd gleich hoch. Die durchschnittliche Korrelation der fünf Kreativitätstests mit dem IQ beträgt bei den 241 Mädchen 0,2658. Die durchschnittliche Beziehung der Kreativitätstests untereinander liegt mit einem Korrelationskoeffizienten von 0,3229 kaum darüber. Zumindest kann man von einem signifikanten Unterschied nicht reden.

Tabelle 5 Interkorrelationen der Kreativitätstests und die Beziehungen zum Intelligenztest (entnommen aus GETZELS u. JACKSON 1962)

	Test	1	2	3	4	5	6
1	Wortassoziationen		369	344	303	420	378
2	Verwendungsmöglichkeiten	371		206	222	175	186
3	Versteckte Figuren	351	197		159	414	366
4	Fabeln	320	276	153		220	131
5	Probleme konstruieren	488	279	525	269		246
6	Intelligenzquotient	371	147	303	115	393	

Die Werte unterhalb der Diagonalen stammen aus der Stichprobe der 241 Mädchen, die oberhalb von den 292 Jungen.

Auch ohne die Kenntnis der Korrelationen gerät man bei einer psychologischen Analyse der Tests in Zweifel über die Homogenität des der »Kreativität« zugrundeliegenden psychischen Prozesses. Einige Tests lassen sich von herkömmlichen Intelligenztests kaum unterscheiden. So ist ein Untertest des Leistungs-Prüf-Systems (LPS) von HORN (1962) mit dem Test »versteckte Figuren« fast identisch. HORNS Interpretation, die faktorenanalytisch gesichert ist, lautet folgendermaßen:

»Bedeutsam für gute Leistungen in dieser Aufgabe ist die Fähigkeit, das Wesentliche trotz ablenkender Einzelheiten zu erkennen.«

Diese Interpretation ist von der, die die beiden Autoren GETZELS u. JACKSON geben, nicht sehr verschieden. Sie weisen noch auf die notwendige Geschwindigkeit dieser Leistung hin. Der Test verlange die Fähigkeit, wesentliche Sachverhalte schnell zu perzipieren.
Es ergibt sich also die Tatsache, daß ein Test trotz gleicher psychologischer Interpretation einmal als Intelligenztest, das andere Mal als Kreativitätstest verwendet wird.
Bei HORN korreliert dieser Aufgabentypus mit der Gesamtleistung des LPS zu 0,75. Die durchschnittliche Kovariation dieses Tests mit den anderen Kreativitätstests liegt nach GETZELS u. JACKSON bei 0,297 bei den Jungen und bei 0,305 bei den Mädchen. Man darf also mit Recht die Ansicht vertreten, daß die Subsumption dieses Tests in ein konventionelles Intelligenzkonzept schlüssiger ist als die Verwendung desselben zur Messung von Kreativität.
Es ist unnötig – wie WALLACH u. KOGAN (1966) betonen –, zusätzlich zur Intelligenz eine weitere psychische Dimension zur Erklärung der Kovariationen anzunehmen. Zumindest ist die Summation der Kreativitätstests zu einem Gesamtscore nicht haltbar.

3. Zusammenfassung der Kritik

Als Konsequenz der Überlegungen zur Fragwürdigkeit der Validierungssituation bei diesen Kreativitätstests ergibt sich, daß diese Art von Tests für eine empirische Untersuchung nicht geeignet ist. Die Analyse der Korrelationsdaten hat diese Skepsis unterstützt. Die Zusammenstellung der Kreativitätsbatterien läuft anscheinend so ab, daß man, ohne die Verwendung des theoretischen Rahmens von GUILFORDS Intelligenzstrukturmodell ins Auge zu fassen, aus der großen Fülle der von ihm und seinen Mitarbeitern entwickelten Tests die ausliest, die die höchste Augenscheingültigkeit aufweisen. Einer solchen Vorgehensweise können wir uns nicht anschließen, weil wir der Meinung sind, daß Kreativitätstests nie Kreativität per se messen, sondern allenfalls gewisse notwendige, aber nicht hinreichende Voraussetzungen für kreatives Verhalten.

4. Assoziationstheoretische Tests

Wie bereits in Teil C ausgeführt wurde, gibt es sowohl aus der Psychoanalyse als auch aus assoziationstheoretischen Überlegungen genügend Hinweise, die die Verwendung von solchen Tests opportun erscheinen lassen. MEDNICKS Remote Association Test haben wir aufgrund der bereits geschilderten Fragwürdigkeiten verworfen. Da er nur vermittelnde Assoziationen überprüft, hat man sich der Möglichkeit, die psychoanalytische Hypothese über die Beschränkung des Assoziationsreservoirs durch Abwehrmechanismen zu überprüfen, begeben, da nur die fortlaufenden Assoziationen unter Festhaltung einer Zielvorstellung schließlich zu den hinter den Abwehrvorgängen stehenden Konflikten führen. Die unterschiedliche Größe der Assoziationsreservoire kann man nicht durch die vermittelnden Assoziationen messen.
Nun vertritt MEDNICK jedoch an anderer Stelle die Ansicht, daß die überhaupt vorhandene Anzahl von Assoziationen auf eine Kognition in direkter kausaler Beziehung zur Wahrscheinlichkeit des Erreichens eines hohen Punktwertes in ihrem Test sei. Eine empirische Überprüfung des postulierten Zusammenhanges durch MEDNICK, MEDNICK u. JUNG (1964) ergab ein positives Ergebnis.
Die im RAT hochscorenden Versuchspersonen erzielten in einer fortlaufenden Assoziationsphase von zwei Minuten die meisten Einfälle. Auf bestimmte Wortklassen, wie Substantive, wurde mehr assoziiert, wobei jedoch keine Interaktion zwischen den Versuchspersonen und den Wortklassen zu verzeichnen war. Angesichts dieser Befunde liegt es meines Erachtens auf der Hand, die Assoziationsreservoire der zu untersuchenden Versuchspersonen sowohl hinsichtlich ihrer Größe als auch der Originalität der Elemente zum Kriterium für das Konstrukt »Kreativität« zu machen.

Dies wurde von WALLACH u. KOGAN versucht, deren Tests wir darum übernommen haben.

Die Kreativitätstests von Wallach und Kogan

Ausgehend von der theoretischen Grundlage MEDNICKS haben die Autoren folgende Tests konstruiert:
a) Dinge benennen (»things«)
b) Verwendungsmöglichkeiten (»uses«)
c) Gleichartigkeiten feststellen (»similarities«)
d) Bedeutung von Mustern feststellen (»pattern meanings«)
e) Bedeutung von Linien feststellen (»line meanings«)
Die Tests sind am besten zu verstehen durch die Darstellung der übersetzten Instruktion, die wir den Kindern gegeben haben. Eine wörtliche Übersetzung war weder möglich noch sinnvoll.

a) Test »things« Instruktion:
»In diesem Spiel werde ich euch etwas sagen, und ihr sollt nachher so viele gleiche Dinge, wie euch einfallen, aufschreiben. Wir wollen einmal ein Beispiel machen. Nennt mir doch einmal Dinge, an denen man sich verletzen kann. Alle, die euch einfallen. Was für Dinge gibt es da?«
»Ja, das ist alles richtig. Mir fällt gerade noch ein: Feuer, Messer.« (Hier werden die Antworten so variiert, daß sie nicht mit den von den Kindern bereits gegebenen Lösungen deckungsgleich sind.)
»Jetzt habt ihr gesehen, daß es in diesem Spiel alle möglichen verschiedenen Antworten gibt.
Habt ihr verstanden, wie wir es machen wollen? Ich sage euch also etwas, und ihr schreibt auf euer Papier alles Passende, was euch dazu einfällt. Laßt euch viel Zeit. Die Zeit spielt keine Rolle.
Ist alles klar? Wer etwas fragen möchte, kann zu mir vorkommen oder die Hand heben, dann komme ich zu ihm. Sprecht nicht miteinander, während ihr überlegt, und schaut nicht beim Nachbar rein. Es gibt keine ganz falschen Antworten, weil es ja ein Spiel ist.
Wollen wir anfangen?
1. Schreibt einmal alle runden Dinge auf, die euch einfallen.
2. Jetzt geht es um Dinge, die Lärm und Krach machen. Schreibt einmal alle auf, die euch einfallen.
3. Schreibt jetzt einmal alle quadratischen Dinge, die euch einfallen, auf. (Es wird erklärt, was ein Quadrat ist.)
4. Jetzt geht es um Dinge, die sich auf Rädern fortbewegen. Schreibt alle auf, die euch einfallen.«

b) Test »uses«
In diesem Test sollten sich die Kinder möglichst viele Verwendungsarten für verschiedene alltägliche Gegenstände wie eine Zeitung, ein Messer, einen Autoreifen, einen Korken, einen Schuh, einen Knopf, einen Schlüssel und einen Stuhl einfallen lassen. Wiederum gibt es keinerlei äußere Zeitbeschränkung.

c) Test »similarities«

In diesem Test waren zehn Items enthalten. Pro Item werden zwei Substantive angegeben, und das Kind soll Hinsichten, in denen diese Dinge gleich sind, aufschreiben.

1. Was ist an einer Kartoffel und einer gelben Rübe (Karotte) alles gleich?
2. Was ist an einer Katze und einer Maus alles gleich?
3. Was ist an einem Zug und einem Traktor (Bulldog, Schlepper) alles gleich?
4. Was ist an Milch und Mehl alles gleich?
5. Was ist an einem Kaufladen (Lebensmittelgeschäft) und einem Restaurant (Gasthaus) alles gleich?
6. Was ist an einer Geige und einem Klavier alles gleich?
7. Was ist an einem Radio und einem Telefon alles gleich?
8. Was ist an einer Uhr und einer Schreibmaschine alles gleich?
9. Was ist an einem Vorhang und einem Teppich (Fußbodenteppich) alles gleich?
10. Was ist an einem Pult und einem Tisch alles gleich?

d) Test »pattern meanings« und »line meanings«
Instruktion:

»Jetzt kommt ein Spiel, in dem ihr eurer Phantasie und eurer Einbildungskraft wirklich freien Lauf lassen könnt. Ich zeige euch einige Bilder und Zeichnungen. Ihr schaut sie euch an, und schreibt dann auf, was das sein könnte, wenn die Zeichnung fertig wäre. Hier ist zuerst einmal ein Beispiel. Ihr könnt es drehen wie ihr wollt. Was könnte das sein?«

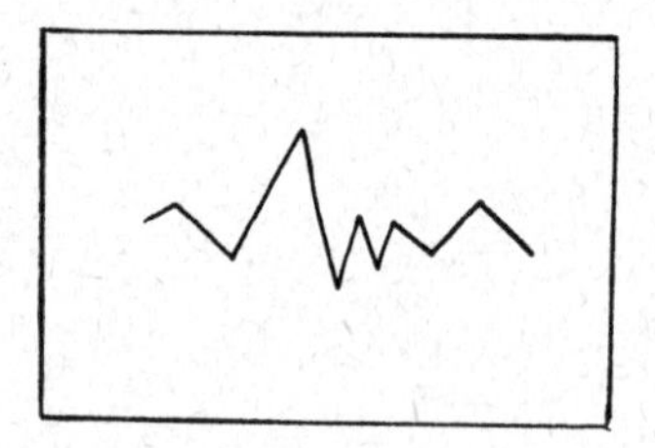

Abb. 3 Musterbeispiele für den Test »pattern meanings« und »line meanings«

»Ja, so ist es fein. Etwas anderes, was mir eingefallen ist, war eine aufgehende Sonne, ein Stachelschwein, eine Augenbraue, eine Bürste, eine Nelke, und wahrscheinlich gibt es noch viele andere Möglichkeiten. Eure Beispiele waren aber sehr gut.« (Variation der eigenen Einfälle nach den vorher genannten Gesichtspunkten)
»Weiß jemand noch nicht so richtig, wie wir das Spiel machen wollen? Ihr schaut jetzt die nächste Zeichnung an, und schreibt darunter, was das alles sein könnte, wenn es ganz fertig wäre.«

Das schwerwiegendste Argument für die Verwendung gerade dieser Tests ist zweifellos der von den Autoren geführte Nachweis der Unabhängigkeit dieser Tests von den konventionellen Intelligenztests. Die durchschnittliche Korrelation zwischen den Items der Kreativitätstests und dem Intelligenzquotienten betrug $M_r = 0{,}09$, wohingegen die durchschnittliche Interkorrelation aller Kreativitätsmaße bei 0,40 lag.
Dazu kommt noch, daß nur über diese Art der Vorgehensweise die von uns propagierte Konstruktvalidierung zu erreichen ist.
Die Tests wurden im Gruppenrahmen im gewohnten Klassenzimmer durchgeführt. Die Gruppen waren die normalen Schulklassen, bis auf die 16 Kinder des Ortes unter 1 000 Einwohner, die normalerweise mit dem dritten Grundschuljahr zusammen unterrichtet wurden.
Nach Möglichkeit war der Lehrer während des Versuches nicht zugegen. Die Kinder wurden in unregelmäßigen Abständen darauf hingewiesen, daß sie sich Zeit lassen könnten. Die Abfolge der Tests wurde nach einem Vorversuch folgendermaßen geregelt:

1. pattern meanings
2. things
3. line meanings
4. similarities
5. uses

Diese Gruppierung verhinderte die Ermüdungserscheinungen, die bei der Massierung der sprachlichen und nichtsprachlichen Tests auftreten. Zusätzlich war durch diese Anordnung die Möglichkeit gegeben, daß die Kinder, die glaubten, in den Tests 2 und 4 fertig zu sein, die Muster der Tests 1 und 3 ausmalen konnten. Dies war notwendig, um nicht durch das Unruhigwerden einer wachsenden Zahl von Kindern das Zeitbezugssystem zuungunsten der langsam arbeitenden Kinder zu verschieben. Die Atmosphäre der Versuchsdurchführung war gelöst und spielerisch. Unter Hinweis auf die Anonymität der Auswertung waren die Kinder gebeten worden, nicht abzuschreiben. Es kam trotzdem so oft vor, daß wir es in der Auswertung berücksichtigen mußten. In den meisten Fällen zog sich aber das Feld zeitlich so auseinander, daß die Nebensitzer häufig zu gleicher Zeit verschiedene Aufgaben bearbeiteten.
Während eines Vorversuches, der an 14 Schülern durchgeführt worden war, wurde versucht, die Zeit, die zur Lösung der einzelnen Items notwendig ist, festzuhalten. Es zeigte sich aber, daß dieses Vorgehen eine zu starke »speed«-Komponente in die Untersuchungssituation hineintrug. Die Kinder glaubten nun, es ginge entgegen den Versicherungen des Versuchsleiters um die möglichst rasche Erledigung der Aufgaben. Es wurde schließlich auf jede Zeitnahme verzichtet.

III. Intelligenztest

Um die nun schon mehrfach erwähnte Beziehung zwischen Kreativität und orthodoxer Testintelligenz zu untersuchen, wählten wir einen Gruppenintelligenztest aus, auf den die negativen Gesichtspunkte, die es an dieser Testart zu kritisieren gibt, zutreffen. Es handelt sich um das Leistungs-Prüf-System von HORN (1962). Es sind gerade die Eigenschaften, die den Test auf der anderen Seite so reliabel und auch faktoriell gesichert machen. Ohne nun in die gesamte Diskussion über die Einschränkungen der konventionellen Intelligenztests eintreten zu wollen, seien an dieser Stelle die für dieses Verfahren hervorstechenden Begrenzungen aufgezeigt.

1. Das Problembewußtsein als Einleitungsphase des Denkaktes kann nicht erfaßt werden, da dieses im Test selbst durch eine starre Instruktion mitgeliefert wird. Ehe das Verfahren begonnen werden darf, muß das gleiche Problemverständnis bei allen Probanden vorausgesetzt werden können. Die Wahrnehmung von Lücken und Unstimmigkeiten ist aber sicher ein Merkmal von scharf Denkenden, die sich gerade dadurch von denen unterscheiden, denen »alles klar« ist.

2. Die sachadäquate Mitteilung und Ausarbeitung der gefundenen Lösung ist auf das Ankreuzen einer von mehreren bereits vorgegebenen Lösungen beschränkt. Wiederum wird dem Probanden ein sehr wesentlicher Teil des Problemlösungsprozesses abgenommen. Davon abgesehen, kann die Lösung auf zweierlei verschiedenen psychologischen Prozessen basieren, die man in der Auswertung nicht mehr auseinanderhalten kann. Entweder hat der Proband die Lösung selbst entwickelt, oder er hat sie aufgrund eines Bekanntheitserlebnisses angekreuzt. Ob er sie später ohne Vorformulierung selbst wiederfindet, kann man schwer vorhersagen.

Die positiven Eigenschaften des Tests liegen in seiner hohen Testökonomie und in der faktoriellen Validierung, die auf THURSTONE basiert. Schließlich ist es nicht notwendig, den gesamten Test durchzuführen, da jeder Faktor durch zwei Tests vertreten ist. Dem Vorschlag HORNS folgend, führten wir folgende Untertests durch:

1 und 2 verbal factor (Allgemeinbildung)
4 reasoning (Denkfähigkeit)
5 word fluency (Worteinfall)
9 space (Technische Begabung)
12 perceptual speed (Wahrnehmungsgeschwindigkeit)
15/1 number (Rechensicherheit und Geschwindigkeit)

Für den Test liegen Normen ab dem 9. Lebensjahr vor.

Der Intelligenztest wurde zwei bis drei Wochen nach der Kreativitätsuntersuchung durchgeführt. Dadurch wurde verhindert, daß das für den Kreativitätstest angebrachte leichte, spielerische Arbeitsverhalten auf den Intelligenztest generalisiert hätte. Die Testdurchführung geschah ansonsten in genauer Anlehnung an das Testmanual. Eine über die vorgegebene Instruktion hinausgehende Erläuterung war allerdings in einigen Fällen notwendig.

IV. Soziometrische und soziodemographische Daten

Auf einem Fragebogen, der von den Kindern unter Mithilfe des Versuchsleiters ausgefüllt wurde, erhoben wir folgende Daten:
1. Soziometrische Daten
Mittels soziometrischer Fragen, die nach HOEHN u. SCHICK (1964) konstruiert waren, wurden die Beliebtheit, die Außenseiterrolle und der Einfallsreichtum der einzelnen Schüler in den Kognitionen der Mitschüler erfaßt. Die Fragen lauteten:
a) Beliebtheit: Stell dir einmal vor, du könntest die Klassenkameraden, neben denen du sitzen willst, aussuchen. Wen würdest du dann wählen? Du kannst ruhig ein paar Namen angeben. Schreib sie bitte auf, und vergiß die Nachnamen nicht.
b) Außenseiterrolle: Neben wem möchtest du nicht sitzen?
c) Einfallsreichtum: Was glaubst du, wer in der Klasse hat die meisten und besten Einfälle? Du kannst wieder mehrere Namen aufschreiben.
2. Soziodemographische Daten
Durch Befragung der Kinder und durch die Verwendung der Schülerkartei wurde der Beruf des Vaters, bei Fehlen desselben der Beruf der Mutter festgestellt.

V. Persönliche Befragung des Kindes

Um die bereits geschilderten Hypothesen, auf die wir in der Auswertung wiederum genauer eingehen werden, zu überprüfen, erstellten wir einen Fragebogen, den wir den Kindern vorlegten.

1. Selbsteinschätzung hinsichtlich der schulischen Qualitäten

Den Kindern wurde folgende Frage schriftlich vorgelegt:
Für was für einen Schüler hältst du dich?
- einen sehr guten Schüler
- einen guten Schüler
- einen mittelmäßigen Schüler
- einen nicht so guten Schüler
- einen schlechten Schüler

Die Kinder hatten die Version, die ihnen zutreffend erschien, anzukreuzen.

2. Schulangst

Um zu überprüfen, bis zu welchem Ausmaß die Kinder die Schulsituation als angstauslösend erleben, wurde ein Schulangstfragebogen verwendet. Er beruht auf einer eigenen Übersetzung des gleichen Tests, den WALLACH u. KOGAN benutzt haben. Diese wiederum haben sich auf die »Manifest anxiety scale« von TAYLOR (1953) gestützt.
Die unten angegebenen Fragen wurden vom Versuchsleiter laut vorgelesen. Die Kinder hatten vorgedruckte Zettel, auf denen die Nummern der Fragen und jeweils in der gleichen Zeile die ausgedruckten Antwortalternativen »stimmt«, »stimmt nicht« standen. Sie brauchten dann nur die ihnen zutreffenden Antworten zu unterstreichen.
Die Durchführung der Befragung auf diese Art ging überraschend reibungslos und schien den Kindern großen Spaß zu machen, brach doch bei manchen Fragen lautes Zustimmungsgebrüll aus. Daß diese geäußerte Zustimmung das Urteilsverhalten der Kinder beeinflußt hat, ist kaum wahrscheinlich, da das Tempo der Befragung durch den Versuchsleiter bestimmt wurde. Für differenzierte Urteils- und Bewertungsprozesse hatten die Kinder keine Zeit.
Bei allen persönlichen Befragungen war der Lehrer abwesend. Vor der Durchführung der Befragung wurde folgende Instruktion in freier Rede gegeben. Sie lehnt sich an den Originaltext von WALLACH u. KOGAN an.

Instruktion:

Jetzt werde ich euch einmal ein paar Fragen stellen, aber ganz andere Fragen, wie man sie sonst in der Schule stellt. In diesen Fragen geht es darum, wie ihr euch fühlt und wie es euch geht, es gibt also keine falschen und richtigen Antworten.
Zuerst bekommt ihr mal jeder ein Blatt für eure Antworten, und dann werde ich euch mehr über die Fragen erzählen.
So – zuerst schreibt ihr einmal oben hin eure Namen. Wie ich vorhin schon gesagt habe, will ich euch ein paar Sachen fragen. Niemand außer mir wird diese Fragen zu sehen bekommen, nicht euer Lehrer und nicht eure Eltern. Diese Fragen sind also nicht die gleichen, wie man sie sonst in der Schule stellt. Sie sind deshalb verschieden, weil es keine richtigen und falschen Antworten gibt. Ihr hört jetzt jeder Frage gut zu, wenn ich sie vorlese, und dann macht ihr einen Kreis um »ja« oder um »nein«. In diesen Fragen geht es darum, wie es euch geht, und deshalb gibt es also keine richtigen und keine falschen Antworten. Jeder von euch denkt und fühlt ja anders, und jedem geht es auch anders. Dein Nachbar macht

vielleicht einen Kreis um »ja« und du machst einen um »nein«. Wenn ich euch zum Beispiel fragen würde »Spielst du gern Fußball?«, würden manche einen Kreis um »nein« machen und manche einen um »ja«. Was jeder von euch einkreist, hängt ganz davon ab, wie er sich fühlt. Bei diesen Fragen geht es darum, wie ihr euch in der Schule fühlt, und um viele andere Dinge. Also noch einmal – jeder Frage gut zuhören und dann »ja« oder »nein« ankreuzen, je nachdem wie ihr denkt und fühlt. Wenn ihr eine Frage nicht versteht, meldet euch und sagt es mir. So, nun wollen wir anfangen. Jeder schreibt nachher hinter die Nummer 1.

Schulangstfragebogen

1. Ist es Dir sehr unangenehm, wenn Dein Lehrer sagt, daß er Dir ein paar Fragen stellen will, um zu sehen, wieviel Du weißt?
2. Macht es Dir viel aus, wenn Du jetzt am Ende vom Schuljahr in die fünfte Klasse kommst?
3. Wenn Dein Lehrer Dich aufruft und sagt, Du sollst vor der Klasse etwas laut vorlesen, hast Du dann Angst, daß Du ein paar schwere Fehler machen wirst?
4. Wenn Dein Lehrer sagt, daß er nun ein paar von der Klasse aufrufen will, damit sie an der Tafel vorrechnen, hoffst Du dann, daß er jemand anders aufruft als Dich?
5. Träumst Du manchmal nachts, daß Du in der Schule bist und die Fragen vom Lehrer nicht beantworten kannst?
6. Wenn der Lehrer sagt, daß er jetzt herausfinden will, wieviel Du kannst und weißt, fängt dann dein Herz schneller zu schlagen an?
7. Wenn Dein Lehrer mit Euch Rechnen macht, hast Du dann das Gefühl, daß Du ihn nicht so gut verstehst, nicht so gut mitkommst wie die anderen Kinder?
8. Wenn Du abends ins Bett gehst, machst Du Dir da manchmal Gedanken darüber, wie es Dir wohl am nächsten Tag in der Schule gehen wird?
9. Wenn Du vor der Klasse etwas an die Tafel schreiben sollst, zittert da manchmal Deine Hand ein bißchen?
10. Wenn Euer Lehrer mit Euch Lesen macht, meinst Du dann, daß andere Kinder besser verstehen können, besser folgen können?
11. Glaubst Du, daß Du Dir über die Schule mehr Gedanken machst als die anderen Kinder?
12. Wenn Du zu Hause bist und an die Rechenstunde vom nächsten Tag denkst, hast Du dann manchmal Angst davor, daß Du eine falsche Antwort geben könntest, wenn Dich der Lehrer aufruft?
13. Träumst Du manchmal nachts, daß andere Kinder in Deiner Klasse Sachen machen, die Du nicht kannst?
14. Wenn Du krank bist und in der Schule fehlst, machst Du Dir dann Sorgen, daß Du nachher in der Schule schlechter sein wirst?
15. Wenn Du zu Hause bist und Dir Deine Lesestunde vom nächsten Tag einfällt, hast Du dann Angst, daß Du schlecht abschneiden wirst?
16. Wenn der Lehrer sagt, daß er Dich nun prüfen will, um herauszufinden, wieviel Du weißt, bekommst Du dann so ein komisches Gefühl im Magen?

17. Wenn Du aufgerufen worden bist und hast dann sehr schlecht abgeschnitten, hast Du dann so ein Gefühl, als müßtest Du gleich weinen, auch wenn Du versuchst, nicht zu weinen?
18. Träumst Du manchmal nachts, daß Dein Lehrer wütend ist, weil Du Deine Aufgaben nicht gekonnt hast?

Jetzt will ich noch ein paar Fragen über Klassenarbeiten stellen und über alle Aufgaben, bei denen der Lehrer herausfinden will, wieviel du weißt, ganz egal, wie das festgestellt wird, ob ihr auf Papier schreibt oder ob ihr es mündlich sagen müßt.

19. Hast Du Angst vor Prüfungen?
20. Regst Du Dich sehr auf, bevor Du geprüft wirst?
21. Regst Du Dich sehr auf, während Du geprüft wirst?
22. Machst Du Dir Gedanken darüber, ob Du alles richtig gemacht hast, wenn Du die Prüfung hinter Dir hast?
23. Träumst Du manchmal, daß Du in einer Prüfung schlecht abgeschnitten hast?
24. Wenn Du bei so einer Prüfung schreiben mußt, also z. B. bei einer Klassenarbeit, zittert da Deine Hand, mit der Du schreibst, ein bißchen?
25. Wenn Dein Lehrer ankündigt, daß er eine Klassenarbeit machen will, kriegst Du dann Angst, daß Du schlecht abschneiden wirst?
26. Wenn Du eine schwierige Prüfung machst, vergißt Du dann manchmal Sachen, die Du vor Beginn der Prüfung ganz genau gewußt hast?
27. Hast Du Dir schon oft gewünscht, daß Du Dir nicht so viel Gedanken über Prüfungen machen würdest?
28. Wirst Du nervös oder fühlst Du Dich komisch, wenn Dein Lehrer sagt, daß er die Klasse nun prüfen will?
29. Denkst Du während einer Prüfung meistens, daß das, was Du machst, nicht gut ist?
30. Machst Du Dir auf dem Weg zur Schule manchmal Sorgen darüber, ob Dein Lehrer die Klasse heute prüfen wird?

3. Extraversion

Diese Dimension wurde mit den folgenden Fragen zu erfassen versucht. Auch sie sind Übersetzungen der beiden Autoren WALLACH u. KOGAN (1966).

Am liebsten verbringe ich meine Freizeit zusammen mit Freunden.
Ich bin sehr lebhaft.
Wenn ich einmal beschlossen habe, etwas zu tun, tue ich es auch.
Wenn ich mit anderen zusammen bin, sage ich meistens nicht viel.
Ich finde schnell neue Freunde.
Ich spiele andern Jungen und Mädchen gerne Streiche.
Ich spreche gerne viel.

Alle Fragen zur Extraversion als auch die nun folgenden 38 weiteren Fragen waren durch die Reihenfolge so untereinander vermischt, daß es unmöglich war, die Befragungsintention, die hinter mehreren zusammenhängenden Fragen steht, zu entschlüsseln.

4. Tendenz zur Verdrängung

Die nun folgenden Fragen wurden unter der Prämisse eingeführt, daß jedes Kind, das eine nicht zu sehr verzerrte Selbstwahrnehmung hat, sie mit ja beantworten muß. Die Ablehnung der Fragen als auf die eigene Person nicht zutreffend wurde als Indikator für Verdrängungsarbeit verwertet.

Manchmal mache ich mir Gedanken darüber, was andere Leute über mich denken.
Manchmal habe ich Angst.
Ich habe manchmal Angst, daß ich meine Aufgaben nicht kann.
Manchmal habe ich Angst, daß ich etwas, was ich tun soll, nicht fertigbringe.
Auch als ich jünger war, habe ich mich vor nichts gefürchtet.
Manchmal habe ich schon befürchtet, daß ich mich verletzen könnte.
Manchmal mache ich mir Gedanken darüber, was noch alles passieren wird.
Manchmal hat es schon jemand fertiggebracht, mich zu erschrecken.
Eigentlich war ich noch nie unglücklich.
Manchmal träume ich schreckliche Sachen.
Manchmal habe ich mir schon Sorgen gemacht, daß einem Bekannten etwas Schlimmes zugestoßen sein könnte.

5. Das Elternhaus und die Familie aus der Sicht des Kindes

Eine direkte Befragung der Eltern war uns im Rahmen unserer Untersuchung nicht möglich. Wir sind aber in diesem Forschungsansatz sowieso mehr an den Kognitionen des Kindes interessiert als an der Schilderung der realen Verhaltensstile der Eltern. Die Überprüfung der Kovarianz von Kognitionen und tatsächlichem Verhalten muß einer anderen Untersuchung vorbehalten bleiben. Zur Abklärung der Beziehung des Kindes zum Elternhaus stellten wir selbst einen Fragebogen zusammen, der ein sehr weitgespanntes Problemfeld abdecken sollte. Bedeutsam schien uns vor allem die Erfassung der altersspezifischen Probleme der Kinder. Zur Anregung stützten wir uns auf den von SÜLLWOLD (1967) entwickelten Problemfragebogen für Jugendliche. Ein Teil der Fragen wurde selbst entworfen.
Nach einem Vorversuch wurden Fragen, die ungenügende Trennschärfe aufzuweisen schienen, ausgelesen. Fragen, die von den meisten Kindern in einer Richtung beantwortet wurden, fielen darunter. Inwieweit dieses Vorgehen befriedigend ist, werden wir in der Auswertung behandeln.

Ich wünschte, ich hätte zu Hause ein ruhiges Plätzchen zum Lernen.
Ich kann mich mit meinen Geschwistern nicht vertragen.
Ich wünschte, bei uns zu Hause wäre es ein bißchen netter.

Ich muß zu Hause zu viel mithelfen.
Ich bekomme zu wenig Taschengeld.
Ich wünschte, mein Vater wäre nicht so streng.
Ich wünschte, meine Mutter wäre nicht so streng.
Ich lade andere ungern zu mir nach Hause ein.
Manchmal habe ich das Gefühl, daß ich nicht so richtig zur Familie gehöre.
Meine Eltern behandeln uns Geschwister nicht alle gleich.
Meine Eltern fragen zu wenig nach meiner Meinung.
Meine Eltern haben zu wenig Vertrauen zu mir.
Meine Eltern erwarten zu viel von mir.
Ich wünschte, man würde mir zu Hause nicht immer in alles reinreden.
Ich wünschte, ich könnte meinen Eltern mehr helfen.
Ich wünschte, ich hätte ein eigenes Zimmer.
Wenn ich mit anderen Jungen und Mädchen zusammen bin, mache ich meistens den Anführer.
Ich wünschte, ich könnte das Vertrauen meiner Eltern gewinnen.
Manchmal möchte ich von zu Hause fort.
Ich habe Angst, es meinen Eltern zu sagen, wenn ich etwas Unrechtes getan habe.
Unsere Familie hat häufig Geldsorgen.
Meine Eltern sind immer hinter mir her, daß ich mehr lerne.
Es wäre schön, wenn wir in unserer Familie mehr gemeinsam machen würden.
Meine Eltern wollen nicht gerne zugeben, daß ich manchmal recht habe.
Meine Eltern interessieren sich nicht für das, was ich erreiche und leiste.
Meine Eltern haben zu viel an mir auszusetzen.

An objektiven Daten zum Elternhaus wurden lediglich die Anzahl der Geschwister, die Stellung in der Geschwisterreihe sowie die Vollständigkeit bzw. Unvollständigkeit der Familie erfaßt.

VI. Daten zur Schulleistung und zum Verhalten in der Schule

Es wurden sämtliche verfügbaren Schulnoten festgehalten, und zwar aufgrund des durchschnittlich fünf Monate zurückliegenden Herbstzeugnisses. Es handelt sich um folgende Fächer: Lesen, Aufsatz, Sprachkunde, Rechtschreiben, Schrift, Heimatkunde, Rechnen, bildhaftes Gestalten, Musik, Leibesübungen. Neben diesen fächerspezifischen Beurteilungen wurden noch die Noten für Mitarbeit und Betragen festgehalten.
Alle Klassenlehrer beurteilten jeden untersuchten Schüler auf einer siebenstufigen Ratingskala hinsichtlich der Dimensionen Intelligenz, Angenehmheit als Schüler und Einfallsreichtum.
Die Extreme und der Mittelbereich der Skalen waren verbal verankert. Gleichzeitig gaben die Lehrer an, ob sie zum Überwechsel an eine weiterführende Schule zuraten würden.

B. Auswertung

I. Kreativitätstests

WALLACH u. KOGAN operationalisierten Originalität aufgrund der Häufigkeit des Vorkommens eines Einfalls in der Gesamtstichprobe von 151 Kindern. Nur Antworten, die in der Ideengesamtheit einmalig waren, wurden als originell verrechnet. Die individualtypische Summe solcher einmaliger Antworten über alle Tests ergab den Gesamtscore für Originalität.
Der Produktivitätsscore besteht aus der Summe der zu allen Items eines Untertests gelieferten Antworten. Obwohl nur einfache Zähloperationen notwendig sind, ist die Auswertung außerordentlich mühsam. Für jedes Item eines jeden Tests wurden die Ideen aller Schüler festgehalten. In einer Strichliste wurden die Frequenzen der einzelnen Einfälle festgehalten. Zur Frage 1 des Tests »things«, in dem die Nennung runder Dinge verlangt wurde, brachten die 202 Kinder rund 250 verschiedene Lösungen. Die Feststellung, ob eine Antwort bereits einmal aufgetreten war oder ob sie neu ist, ist außerordentlich langwierig und erfordert hohe Konzentration.
Obwohl diese Operationalisierungen zumindest von der Art der statistischen Verfahren her einfach und schlüssig erscheinen, sind sie mit einigen Problemen versehen. In unseren Ausführungen über die Problematik der Operationalisierung sind wir auf die spezifischen Schwierigkeiten von Meßsystemen eingegangen, die Kreativität ohne Bewertungsakte erfassen. Diese Schwierigkeiten kommen allerdings in diesem Zusammenhang nicht zur Auswirkung, da wir nicht die Ansicht vertreten, »Kreativität« zu erfassen. Wir studieren eine bestimmte Art assoziativen Verhaltens, von dem wir aufgrund psychologischer Theorien erwarten, daß es in enger Beziehung zum Manifestwerden kreativer Prozesse steht.
Das Problem der Bewertung sehr ausgefallener Ideen als bizarr bzw. sinnlos wird von WALLACH u. KOGAN umgangen, indem sie die Ansicht vertreten, solche Assoziationen seien nicht aufgetreten. Dies liegt wohl vor allem an der Art der Testdurchführung. Die Hemmung, unsinnige Dinge zu äußern, ist sicher bei der direkten mündlichen Rede an einen vertrauten Versuchsleiter größer als im eher anonymen Gruppenrahmen, in dem wir unsere Tests durchführten.
Wir müssen also festhalten, daß bei uns Lösungen auftauchten, die zumindest nach unserer Ansicht in keinem erkennbaren Bezug zu den Stimulusqualitäten lagen. Es war allerdings so selten, daß wir keine Reliabilitäts- und Validitätsveränderungen durch die Ausmerzung derselben erwarten müssen. Wir gestehen allerdings

zu, daß die Häufigkeit solcher Antworten von der Bewertungsschärfe des Auswerters abhängt. Auch bei unserer Untersuchung wurde letztlich die Vorstellungsbreite des erwachsenen Untersuchers als Kriterium für die Unterscheidung originell oder unsinnig verwendet. Um eine möglichst große Objektivität zu gewährleisten, wurden alle in dieser Hinsicht fragwürdigen Lösungen von zwei Erwachsenen unabhängig beurteilt. In den seltenen strittigen Fällen wurde versucht, durch Diskussion eine Einigung zu erzielen. Aufgrund der Verwandtschaft der nichtverbalen Tests mit projektiven Methoden wurde nur ganz selten eine ablehnende Entscheidung getroffen.
Wie bereits erwähnt, hatte die Durchführung im Gruppenrahmen unter anderem die Auswirkung, daß viel abgeschrieben wurde. Ein rigoroses Einschreiten dagegen hätte die zu verhindernden schulischen Interaktionsstile zu sehr gefördert. Da unsere Stichprobe um 50 Kinder größer war als die von WALLACH u. KOGAN, ist die Wahrscheinlichkeit, daß eine Idee nur ein einziges Mal geäußert werden würde, um ein Viertel verringert. Damit wäre der Schwierigkeitsindex zu groß geworden. Viele Kinder hätten nur ganz wenige oder gar keine Punkte für Originalität erzielt. Aus diesem Grund und um den Effekt des (wie bereits angedeutet) Abschreibens auszugleichen, gaben wir auch für Ideen, die zweimal in der Stichprobe auftauchten, einen Originalitätspunkt. Anschauungshalber und um das unterschiedliche psychologische Zustandekommen origineller Lösungen zu demonstrieren, wollen wir hier die Häufigkeitsverteilung der Antworten auf die Frage, was man mit einer Zeitung alles machen könne, angegeben.

Tabelle 6 Rangskala der Einfälle zur Verwendungsmöglichkeit einer Zeitung nach Häufigkeit geordnet

Lösungen, die mehr als zweimal vorkommen:
Lesen, verbrennen, basteln, Vesper einpacken, zerreißen, als Unterlage, Feuer anmachen, etwas abdecken, anschauen, Papierhüte machen, zerschneiden, drauf schreiben, vollmalen, Wissen vermehren, etwas ausschneiden, halten, Schuhe ausstopfen, Schiffchen machen, austragen, verkaufen, Rätsel raten, vom Boden aufheben, Salat einwickeln, Bilder anschauen, einbinden, lernen, zusammenballen, Schwalbe machen, Flieger machen, Masken bauen, vorlesen, studieren.

Lösungen, die zweimal vorkommen:
Arsch abwischen, zerknittern, über Politik lesen, neue Dinge erfahren, Schuhe draufstellen, Erfahrung sammeln, etwas erfahren, sich erkundigen, in die Fabrik bringen und zu Stoff machen lassen.

Lösungen, die einmal vorkommen:
draufsitzen, vollkleben, Berichte schreiben, unterhalten, durchblättern, Information holen, nach dem Wetter sehen, zerschnipfeln, zaubern, heizen, Arbeitstellen lesen, abpausen, für die Schule, über Liebe lesen, über Tiere lesen, die Zeit vertreiben, Pflanzen zudecken, als Unterlage beim Zeichnen, Türe putzen, Mülleimer ausstopfen, wegräumen, wegwerfen, Becher draus falten, Drachen basteln, nachmalen, was drin steckt merken, Lagerfeuer machen.

Diese 71 verschiedenen Lösungen verteilen sich auf rund 565 überhaupt gegebene Lösungen. Im Durchschnitt hatte also jedes Kind nur 2,8 Einfälle für dieses Item. Im Gesamttest »Verwendungsmöglichkeiten« gab es im Durchschnitt 22,44 Einfälle. Es ist erschreckend, wie wenig einer Vielzahl von Kindern auch bei guter Motivation einfällt. Dementsprechend liegt der Durchschnitt der im oben definierten Sinne originellen Antworten bei 0,37 für dieses Item.

1. Verteilung der Kreativitätswerte

In der Tab. 7 haben wir die durchschnittlichen Produktivitäts- und Originalitätswerte der einzelnen Tests mit den dazugehörigen Standardabweichungen dargestellt:

Tabelle 7 Mittelwert und Streuung von Originalität und Produktivität

Testart	Produktivität		Originalität	
	AM	Sigma	AM	Sigma
line meaning	13,57	5,17	2,57	1,72
pattern meaning	13,75	5,48	3,85	2,89
similarities	19,08	7,04	2,69	1,95
uses	22,44	8,35	3,03	1,87
things	26,01	8,29	3,48	2,52

Wir können aus dieser Aufstellung folgern, daß die explizit verbalen Aufgaben den Kindern leichter fielen. Sie haben im Durchschnitt wesentlich mehr Ideen angeregt. Allerdings ist die Originalität von der Art des vorgegebenen Materials kaum abhängig. Auch ist die Trennschärfe bei beiden Materialarten gleich, da sich die Streuungen proportional zur Mittelwertsgröße verändern.

Wir wollen nun darauf verzichten, die Verteilungskurven eines jeden einzelnen Tests darzustellen, und uns damit begnügen, das Histogramm der aufsummierten Produktivitäts- und Originalitätswerte wiederzugeben.

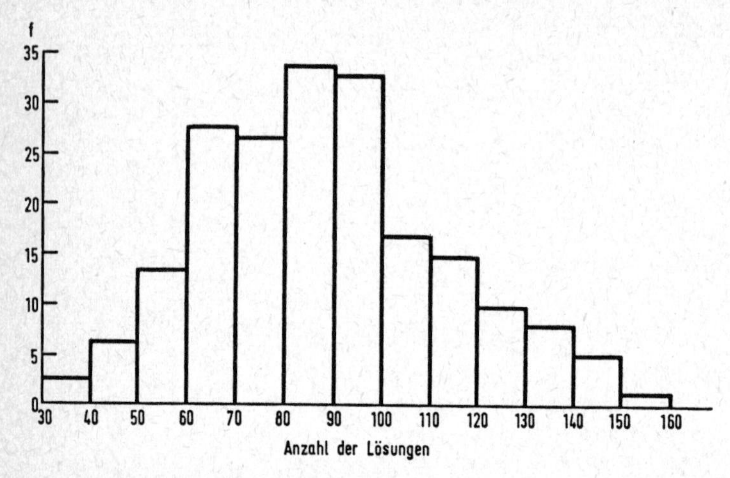

Abb. 4 Verteilung der Produktivitätswerte

Die dargestellte Verteilung ist leicht schiefwinklig. Trotzdem kann man annehmen, daß das Merkmal Produktivität in der Gesamtpopulation normal verteilt ist. Bei Einbeziehung von Sonderschülern und nicht bildungsfähigen Kindern würden sicher auch Werte zwischen Null und 30 auftreten. Die einzelnen Klassen unterscheiden sich in der Verteilungsart und in der Streuungsbreite nicht signifikant voneinander, wenn auch die Standardabweichungen erheblich auseinanderfallen.
In der Tab. 8 sind die Mittelwerte, Standardabweichungen samt der zugrundeliegenden Versuchspersonenanzahl pro Klasse dargestellt.

Tabelle 8 Mittelwerte, Standardabweichungen und Versuchspersonenanzahl des Merkmals Produktivität pro Klasse

Klasse	1	2	3	4	5	6
AM	97,58	79,84	85,28	103,06	82,70	83,02
s	24,73	19,08	24,67	25,98	28,56	23,95
N	35	29	33	42	46	17

Die Standardabweichungen unterscheiden sich nicht signifikant voneinander. Das gewogene arithmetische Mittel der Produktivität liegt bei 89,59. Der Unterschied zwischen Klasse 2 und Klasse 4 ist hochsignifikant (DUNCAN-Test), ebenso der zwischen Klasse 2 und Klasse 1 und der zwischen Klasse 3 und 4.
Klasse 2, 3, 5 und 6 unterscheiden sich nicht signifikant voneinander. Die zu verzeichnenden interpretierbaren Differenzen kommen vor allem durch das hohe Abschneiden von Klasse 4 und das schlechte Abschneiden der Klasse 2 zustande. Klasse 2 liegt im Intelligenztest an zweiter Stelle. Ohne es durch die Untersuchung direkt nachweisen zu können, vertreten wir die Ansicht, daß die besondere pädagogische Strategie des Klassenlehrers von großem Einfluß darauf ist, wie die Kinder den Test perzipieren. Klasse 2 hatte einen sehr strengen Lehrer. Dies zeigt sich unter anderem darin, daß die Kinder mit ihren Intelligenztestwerten über dem Mittelwert der anderen Klasse liegen, jedoch in der Lehrerbeurteilung hinsichtlich Intelligenz, Ideenreichtum und Schulschwierigkeit am schlechtesten abschneiden. Die wichtigste Triebfeder des Verhaltens dieser Kinder ist die Vermeidung von Fehlern um jeden Preis. Der Kreativitätstest wird in Anlehnung an das sonst geforderte Schülerverhalten angegangen.
Die Kinder sind froh, wenn sie wenigstens ein oder zwei »richtige« Antworten gefunden haben. Die Risikobereitschaft ist durch die permanente Verschüchterung sehr gering geworden. Bezeichnenderweise neigten die Kinder dieser Klasse sehr dazu, jede neue Idee vorzuzeigen, um den Versuchsleiter zu befragen, ob sie denn auch richtig sei.
Der Interaktionsstil in der Klasse 4 war davon sehr verschieden. Der Lehrer nannte die Klasse sehr unruhig, schritt aber gegen dieses Verhalten kaum ein. Der normale Schulbetrieb lief auch in einer eher »kreativen« Art ab. Wir hatten deshalb auch große Mühe, einen dem Intelligenztest angemessenen, etwas disziplinierteren Verhaltensstil zu erreichen.
Die gruppenspezifische Motivationslage und die gruppenspezifische Risikobereitschaft entscheiden darüber, wann die Mehrzahl der Kinder ihre Überlegungen einstellen, um die Gefahr, eine »falsche« Antwort aufzuschreiben, zu vermeiden. Die Toleranzbreite der als richtig eingeschätzten Lösungen, sofern sie überhaupt reaktiviert werden, hängt ebenfalls von der schulischen und außerschulischen Lerngeschichte ab.
Ähnliche Befunde konnten bereits WALLACH u. KOGAN für ihre hochintelligenten, aber wenig kreativen Mädchen konstatieren.

»The high intelligence-low creativity girls seem to be so attuned to error that, even where appropriate responses are not sacrified, they refuse to deviate from a critical standard of ›correctness‹.« (WALLACH u. KOGAN 1966)

Wir können hinzufügen, daß dieses Verhalten auch bei ganzen Schulklassen unabhängig von der Geschlechterzugehörigkeit und der Intelligenz durch die oben geschilderte Strategie des Lehrers auftreten kann.

Offen bleibt noch, ob diese gruppenspezifischen Lernsets in einem Einzelversuch verschwinden würden. Damit zusammenhängend wäre die Frage zu klären, ob diese Angst, etwas Falsches zu äußern, bereits das Denken beeinflußt oder lediglich die Reproduktion des zwar Gedachten, aber als falsch Beurteilten und damit nicht Verbalisierten. Wir können jedoch annehmen, daß bei genügend langem Andauern eines solchen an »richtig« und »falsch« orientierten Bewegungssystems auch das Denken der »falschen« Ideen unterbleibt[30].

Für diese Überlegungen haben wir einige empirische Hinweise. Der durchschnittliche Schulangstwert der Klasse 2 liegt bei 6,82. Der Gesamtdurchschnitt der untersuchten Stichprobe, also einschließlich dieser Klasse, liegt bei 12,58 mit einer Standardabweichung von 6,538. Der durchschnittliche Wert der Klasse 4 liegt bei 14,78. Von den insgesamt 30 Fragen wurden also rund 14 in Richtung auf Angst vor der Schule beantwortet. Daß wir dies jedoch nicht direkt interpretieren dürfen, zeigen die korrespondierenden Verdrängungswerte.

Von den elf Fragen, die diese Tendenz erfassen sollen, wurde im Durchschnitt der Gesamtstichprobe 5,5 in dieser Richtung beantwortet. Die Standardabweichung liegt bei 2,36. In der Klasse 4 wurden im Durchschnitt 3,07 Items in dieser Richtung beantwortet, in der Klasse 2 jedoch 7,0.

Die Unterschiede zwischen den beiden Klassen sind signifikant auf dem 1%-Niveau. Es sieht also wohl doch eher so aus, als würden die Schüler der Klasse 2 die so stark angstauslösende Situation der Schule durch Abwehrvorgänge und nicht durch aktive, durch das Bewußtsein gesteuerte Verleugnung meistern. Sicher können wir nicht ausschließen, daß der Verdrängungsfragebogen aktiv verfälscht wurde, so daß zwischen eigener Antwort und der Erkenntnis seiner selbst ein Diskrepanzerlebnis besteht. Wie wir später jedoch zeigen werden, ist dies höchst unwahrscheinlich.

Man kann also annehmen, daß die Kinder in dem Augenblick, in dem sie die Frage, ob sie noch nie Angst gehabt hätten, mit ja beantworten, von der Richtigkeit dieser Angabe überzeugt sind. Ein wichtiger Befund unserer Untersuchung ist die überraschend hohe Einflußmöglichkeit des Lehrers auf die Art der Konfliktverarbeitungstechniken und deren Auswirkungen auf die kognitiven Funktionen.

In der Tab. 9 sind die Mittelwerte und Standardabweichungen der Originalitätswerte in den einzelnen Klassen angegeben.

Tabelle 9 Mittelwerte und Standardabweichungen des Merkmals Originalität pro Klasse

Klasse	1	2	3	4	5	6
AM	10,62	9,36	10,35	12,93	8,58	11,51
s	8,20	6,55	8,44	7,80	7,29	8,87
N	35	29	33	42	46	17

Die Unterschiede der Originalitätswerte sind nicht signifikant, jedoch in der Tendenz sehr ähnlich wie die Produktivitätswerte, was bei der hohen Korrelation der beiden Kreativitätsmaße nicht verwunderlich ist. Es bleibt noch anzumerken, daß die pädagogischen Strategien der Lehrer von Klasse 4 und 6 einerseits und von Klasse 2 und 5 andererseits recht verwandt waren. Dies zeigt sich in einer gewissen cluster-Bildung der Originalitätswerte.
In der Abb. 5 ist die Verteilung der Originalitätswerte wiedergegeben.

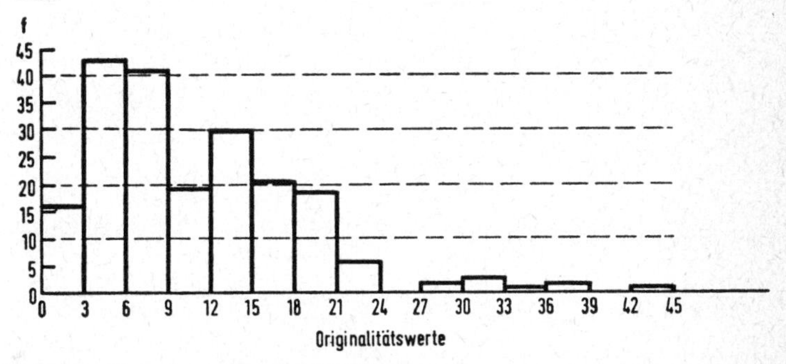

Abb. 5 Verteilung der Originalitätswerte

Die Verteilung ist bimodal. Die beiden Modalwerte liegen in den Häufigkeitsklassen 4 und 13. Zwanzig Kinder hatten insgesamt vier originale Einfälle, elf hatten 13. Dazwischen liegen in der Klasse 10 nur vier Fälle. Diese Verteilungsart ist kein durch die Superposition der Schulklassen zustande gekommenes Phänomen. Vielmehr finden wir die Zweigipfligkeit auch innerhalb der Klassen. Wir müssen also annehmen, daß es zwei voneinander verschiedene Gruppen gibt.

2. Beziehung der Kreativitätstests untereinander

Einer der wesentlichen methodischen Vorteile der Tests von WALLACH u. KOGAN gegenüber den anderen Kreativitätstests liegt in dem gelungenen empirischen Nachweis, daß sie eine hohe innere Konsistenz aufweisen und von den konventionellen Intelligenzmaßen unabhängig sind. Nun betonen die Autoren aber mehrfach, daß beide positive Merkmale sehr eng mit der Art der Durchführung zusammenhängen.

Wie wir bereits berichteten, halten die beiden Forscher die Durchführung im Einzelversuch, die große Vertrautheit des Versuchsleiters mit der Versuchsperson, die Vermeidung jeden Leistungsdrucks und die spielerische Art der Durchführung für situative Voraussetzungen der Messung assoziativen Verhaltens. Diese Ansicht teilen sie mit den Psychoanalytikern aller Schattierungen. Um so wesentlicher erscheint uns die empirische Überprüfung dieses Postulats. Wie verändert sich die Homogenität der Kreativitätstests, wenn man sie im Gruppenversuch durchführt und die Vertrautheit des Versuchsleiters zu den Kindern nicht hergestellt ist. In der Tab. 10 sind die Korrelationskoeffizienten zwischen den Kreativitätstests dargestellt. Oberhalb der Diagonalen stehen die Ergebnisse unserer Untersuchung, unterhalb die der amerikanischen Forscher.

In der Tendenz stimmen die Korrelationskoeffizienten erstaunlich gut überein. Alle Werte unserer eigenen Untersuchung sind signifikant auf dem 1%-Niveau, so daß die Errechnung eines einheitlichen Kreativitätswertes durchaus legitim ist.

Eine Hamburger Untersuchung, die allerdings nur einzelne Items der Tests verwendete, ergibt in der Tendenz ähnliche Werte (GROTE, HAJEK u. Mitarb. 1969).

Eine Aufspaltung der Tests aufgrund der unterschiedlichen Stimuli in verbale und zeichnerische Tests ist wegen der hohen Zusammengehörigkeit unnötig.

Wenn man den Test Originalität »things« außer acht läßt, zeigt es sich, daß die Interkorrelationen der eigenen Untersuchung im Schnitt etwas geringer sind. Der Unterschied ist aber nicht signifikant. Wegen der bimodalen Verteilung der Originalitätswerte haben wir die Korrelationsmatrix auch über das gewogene Mittel der Korrelationen innerhalb der Klassen errechnet. Der Unterschied ist insgesamt so gering, daß er vernachlässigt werden kann.

Tabelle 10 Interkorrelationen der Kreativitätstests in der Untersuchung von WALLACH u. KOGAN und unserer eigenen Untersuchung

		1	2	3	4	5	6	7	8	9	10
1. line meanings	p		.66	.45	.40	.32	.54	.59	.35	.33	.26
2. pattern meanings	p	.40		.44	.51	.40	.47	.71	.33	.33	.32
3. similarities	p	.58	.38		.52	.42	.19	.36	.57	.42	.27
4. uses	p	.58	.39	.74		.42	.33	.38	.32	.62	.24
5. things	p	.42	.30	.41	.45		.24	.34	.46	.36	.63
6. line meanings	o	.64	.25	.52	.39	.33		.57	.29	.37	.31
7. pattern meanings	o	.50	.29	.45	.49	.27	.55		.47	.38	.37
8. similarities	o	.46	.20	.71	.53	.22	.49	.32		.38	.41
9. uses	o	.52	.29	.70	.66	.35	.44	.46	.66		.41
10. things	o	.20	.07	.32	.24	.08	.35	.27	.33	.41	

Die Signifikanzgrenzen für die Werte über der Diagonalen liegen bei 0,138 (5%) bzw. 0,181 (1%)
Die Signifikanzgrenzen für die Werte unter der Diagonalen liegen bei 0,159 (5%) bzw. 0,208 (1%)
Der Gesamtdurchschnitt aller Korrelationswerte der eigenen Untersuchung liegt bei 0,4102. Der entsprechende Wert bei WALLACH u. KOGAN hat die Größenordnung 0,406.

3. Beitrag der einzelnen Tests zu den Gesamtscores

Wir bildeten aus den Rohwerten der einzelnen Untertests folgende Summenwerte:

1. Gesamtscore Produktivität: Summe aller überhaupt geäußerten Einfälle.
2. Gesamtscore Originalität: Summe aller Einfälle mit einer Häufigkeit von 2 und weniger in der Gesamtstichprobe von 202 Kindern.
3. Durch die Addition dieser beiden Werte errechneten wir einen Gesamtkreativitätsscore.

Der Beitrag der einzelnen Tests zu diesen Gesamtscores ist in Tab. 11 dargestellt.

Tabelle 11 Beitrag der einzelnen Kreativitätstests zu den Gesamtwerten

	Gesamtscore Produktivität	Gesamtscore Originalität	Gesamtscore Kreativität
line meanings (p)	.69	.57	.70
pattern meanings (p)	.75	.62	.76
similarities (p)	.76	.50	.73
uses (p)	.78	.52	.75
things (p)	.73	.58	.73
line meanings (o)	.44	.68	.52
pattern meanings (o)	.58	.80	.67
similarities (o)	.56	.70	.62
uses (o)	.55	.68	.61
things (o)	.49	.72	.57

Der Test »pattern meanings« trägt am meisten zum Originalitätswert bei. Das Material war fremdartig, stimulierte die Kinder aber in ungewöhnlichem Maße zu originellen Einfällen, was für die Linien nicht in gleichem Maße zutraf. Der Test »pattern meanings« mit seinen Mustern weist große Verwandtschaft zu den wegen ihrer Originalität und Witzigkeit sehr beliebten »Droodles« auf. So tauchte bei Item 7, in welchem drei Kreise an der Längskante eines gleichschenkeligen Dreiecks aufgezeichnet sind, prompt die Lösung auf »Drei Mexikaner vor ihrem Zelt von oben«. Sie war allerdings nicht selten. Die sprachlichen Tests tragen mehr zu Produktivitätswerten bei, die nichtsprachlichen zu den Originalitätswerten.
Zusammenfassend kann man feststellen, daß die Eliminierung keines Tests notwendig ist. Der Gesamtscore der Produktivität korreliert zu 0,72 mit dem entsprechenden Wert für Originalität. Die Bildung eines Kreativitätswertes ist also zulässig.

II. Kreativität und Intelligenz

Da die Diskussion um Kreativität einen ihrer wesentlichen Impulse aus der Ablehnung des konventionellen Intelligenzkonzeptes erfahren hat, ist die Gegenüberstellung von Intelligenz einerseits und Kreativität andererseits nicht eben neu. Es gibt aus diesem Grunde nun schon eine ganze Reihe empirischer Untersuchungen über die Zusammenhänge, die aber die erwartete Integration nicht gebracht haben. Der Grund dafür liegt in den bereits geschilderten verschiedenen Operationalisierungen und den unterschiedlichen theoretischen Vorannahmen der einzelnen Untersucher. Wie bereits angedeutet, zeichnen sich aber nicht wenige Forscher durch eine bemerkenswerte Theorieferne aus.

Für die Kreativitätstests, die dem Trugschluß der Inhaltsvalidität unterliegen, muß man wohl leider konstatieren, daß die Kovariationen der Tests untereinander in der gleichen niedrigen Größenordnung liegen wie die Korrelationen zu den konventionellen Intelligenzwerten. AUSUBEL (1968) gibt den Streuungsbereich der empirisch gefundenen Korrelationen mit r = .25 bis .30 an. Diese Korrelationswerte sind jedoch stellenweise wegen methodischer Einschränkungen der Untersuchungen nur schwer interpretierbar.

Die Methode der living assessments bringt im Regelfall Menschen mit hohem Intelligenzgrad zusammen. Der Streuungsbereich dieses Merkmals ist dermaßen reduziert, daß eigentlich gar keine Kovariation mehr auftreten kann. MACKINNON will aus diesem Grund auch die in seinen Untersuchungen gefundenen Nullkorrelationen zwischen Testintelligenz und Kreativität nicht interpretieren (MACKINNON 1968).

Aus dem gleichen Grund wurden die Untersuchungen von GETZELS u. JACKSON (1962) kritisiert. Die einzige Untersuchung mit Kreativitätstests mit Inhaltsvalidität, die keine Beziehung zum IQ ergab, ist die von FLESCHER (1963). Die Tests basieren auf denen von GETZELS u. JACKSON (1962). Die Reliabilität mancher dieser Verfahren ist aber höchst zweifelhaft, weil es sich um hochkomplexe Beurteilungsprozesse handelt, wie z. B. die Bestimmung der »cleverness« von Überschriften für vorgegebene Geschichten. FLESCHER macht keine Angaben zur Reliabilität dieser Tests.

Unter Berücksichtigung dieser Einschränkungen können wir festhalten, daß in dieser Untersuchung die durchschnittliche Kovariation bei einer Stichprobe von 110 gemischtgeschlechtlichen Schulkindern bei .04 lag. Allerdings ist die durchschnittliche Korrelation der Kreativitätstests mit r = 0.11 auch nicht signifikant. Die Gegenüberstellung Kreativität einerseits zur Intelligenz andererseits ist irreführend, gibt es doch zumindest in dieser Untersuchung wiederum keine einheitliche Dimension, die empirisch feststellbar wäre.

Vollends paradox wird die Situation, wenn Torrance (1962) und Gowan (1967) eine sprachliche und eine nichtsprachliche Kreativität konstatieren, die weitgehend unabhängig voneinander sind. Wallach u. Kogan vertreten demnach auch die Ansicht, die verbale und nichtverbale »visuelle« Kreativität hätten nicht mehr gemeinsam als ihre Beziehung zur Intelligenz. Wenn man also die Intelligenz auspartialisieren würde, bliebe von der ohnehin niedrigeren Kovarianz nichts mehr übrig. Cropley (1966) führte mit einigen Tests von Torrance (1962) eine Korrelationsstudie zwischen konventionellen Intelligenzmaßen und Kreativitätstests durch. Zwar konnte ein Faktor, den man unter Vorbehalt »Kreativität« nennen kann, identifiziert werden; aufgrund der schiefwinkligen Rotation, die zur Erreichung des simple-structure-Kriteriums notwendig war, ergab sich jedoch eine Kovariation zwischen Intelligenz und Kreativitätsfaktor von .514.
Es wäre aufgrund dieser zahllosen Fehlschläge wohl an der Zeit, die Fragestellung in dieser Form als theoretisch unangemessen aufzugeben. Es gibt keinerlei neurologische Anhaltspunkte für zwei Arten intellektueller Prozesse. Die Gegenüberstellung zweier substantialisierter Konstrukte ist dem gegenwärtigen Stand der Theorienbildung kaum mehr angemessen.
Ausgehend von dieser Misere wurden die Hypothesen verfeinert, indem man einen Schwellenwert des IQ einführte, ab dem aufwärts die Kovariation zwischen IQ und Kreativität verschwindet. Ab diesem IQ-Wert sollen die Beiträge der konventionellen Intelligenz zur Schulleistung abnehmen und die kreativen Denkleistungen immer bedeutsamer werden (Torrance 1962). Eine Untersuchung Yamamotos (1961) schien dies zu bestätigen. Er fand, daß ab einem IQ von 120 ein Ansteigen des IQ in keinem Zusammenhang mit der Schulleistung stand, zumindest in der Gruppe der Hochkreativen. Der gleiche Autor mußte diese Ansicht jedoch später revidieren. Aufgrund einer weiteren Untersuchung kam er zu dem Schluß, daß »overachiever« nicht kreativer seien als »underachiever« und daß die Kreativität, die mit Torrance-Tests gemessen wurde, in keinem Zusammenhang mit der Schulleistung stehe (Yamamoto 1967).
Cicirelli (1965) versuchte diese Hypothesen systematisch durchzutesten. In einem faktoriellen Versuchsplan prüfte er Intelligenz, Schulleistung und Kreativität auf ihre Interaktionen. Die Kreativitätstests waren wiederum solche aus der Torrance-Gruppe. Das Ergebnis war negativ. Weder die Interaktion von Kreativität und Intelligenz im Einfluß auf die Schulleistung noch die Hypothese vom Schwellenwert konnte bestätigt werden. Allerdings schien es für sprachliche Fertigkeiten einen Schwellenwert bei einem IQ von 140 zu geben. Dabei darf nicht übersehen werden, daß bei einem

solch extrem hohen Wert kaum mehr eine exakte Überprüfung möglich ist, ist doch die Zahl der Versuchspersonen, die über diesen Bereich hinausragen, so gering, daß eigentlich nur mehr Kasuistik als Forschungsmethode möglich ist. RIPPLE u. MAY (1962) wiesen empirisch nach, daß bei der Gegenüberstellung von Kreativitäts- und Intelligenzmaßen größte Vorsicht zu wahren ist, wenn man den Streubereich eines der Maße einengt. Während die Kovariationen des Otis-IQ mit den verschiedensten Kreativitätstests in homogenen Intelligenzgruppen verschwindend gering wurden, stiegen sie bei Errechnung desselben Maßes über die ganze Untersuchungsstichprobe auf sehr signifikante und bedeutsame Größenordnungen an.

Nur WALLACH u. KOGAN konnten sowohl die Eindimensionalität ihres Maßes als auch seine Unabhängigkeit von der Testintelligenz nachweisen. Sie legten allerdings großen Wert auf die Feststellung, daß es wohl die völlig untestgemäße Durchführungsart im Einzelversuch war, die die Beziehung so gering werden ließ. Dementsprechend hätten wir bei unserer Durchführung im Gruppenrahmen mit einem Ansteigen der Kovariation zu rechnen.

Erstaunlicherweise haben KOGAN u. MORGAN (1967) ihre eigene Hypothese widerlegt, indem sie trotz Einführung von Zeitbeschränkungen und Durchführung im Gruppenrahmen keine substantiellen Korrelationen zwischen Intelligenz und Kreativität feststellen konnten.

In unserer Untersuchung, die hinsichtlich der Streuung der Intelligenzwerte sehr heterogene Versuchspersonen erfaßte, beträgt der PEARSON-Koeffizient zwischen dem Gesamtscore Kreativität und dem Gesamtwert des Intelligenztests 0.44. In der bereits erwähnten Untersuchung von GROTE u. HAJEK (1969) ergeben sich Koeffizienten zwischen einzelnen Items der Kreativitätstests und dem Intelligenztest in gleicher Größenordnung. Der durchschnittliche Wert der angegebenen Korrelationen beträgt 0.48. Wir müssen also im Gegensatz zu KOGAN u. MORGAN (1967) konstatieren, daß zwischen dem Intelligenztestwert und den Kreativitätswerten Beziehungen bestehen, die in ihrer Größe gleich sind wie die zwischen den Kreativitätstests selbst. Wir können dies nur auf die Durchführung im Gruppenrahmen zurückführen, die die motivationalen Bedingungen des Versuches denen der konventionellen Intelligenztests angenähert hat.

Um die faktorielle Struktur der Kreativitätstests etwas besser aufklären zu können, stellen wir in Tab. 12 die Korrelationen der Untertests des Leistungs-Prüf-Systems mit den Kreativitätswerten dar.

Tabelle 12 Kovariation der Kreativität mit den Untertests des LPS

Faktorenbenennung LPS	Produktivität	Originalität	Kreativität
Verbal factor, Allgemeinbildung, Rechtschreibkenntnisse	.38	.43	.44
Reasoning, logisches Denken und Erkennen von Regeln, wobei Schulisches nicht ganz unwichtig ist	.23	.22	.24
Word fluency, Worteinfall und Wortflüssigkeit und Initiative	.16	.18	.18
Space, Raumvorstellung	.16	.19	.17
Closure 1, Erkennen von Unvollständigem	.25	.20	.25
Perceptual speed, Accuracy, Bemerken von Fehlern, Wahrnehmungstempo	.27	.11	.24
Number, schnelles Addieren	.41	.22	.35
General factor, allgemeine Intelligenz	.43	.39	.44

Für beide Auswertungsverfahren hat der Verbalfaktor die größte Bedeutung. Dieser trägt auch am meisten zum Gesamttestwert bei. Bei HORN wird für die Beziehung zwischen dem Verbalfaktor und dem Gesamttestwert ein Koeffizient von + 0,85 angegeben, wohingegen wir einen Wert von + 0,65 erhielten. Jedoch war dieser in unserer Intelligenzmatrix der Maximalwert. Wir sehen daran, daß die Beziehungen der Intelligenzsubtests in unserer Untersuchung durchweg niedriger waren als bei HORN. Man könnte diesen Befund als Argument gegen eine Differenzierungshypothese der Intelligenzentwicklung verwenden.
Ebenfalls einen hohen Beitrag liefert closure 1, von HORN als die »Fähigkeit, Unvollständiges zu erkennen« umschrieben. Dabei ist zu beachten, daß das »Unvollständige« dieses Tests Worte und Begriffe sind. Wenn auch die Worte nicht sehr ausgefallen sind, haben besonders für Kinder Rechtschreibkenntnisse und Allgemeinbildung große Bedeutung für die gute Lösung dieses Tests. Um etwas als unvollständig zu erkennen, muß eine Vorstellung vom »Vollständigen« vorangehen. Bezeichnenderweise korreliert auch bei HORN die verbale Dimension mit closure 1 zu + 0,77. Es ist ohnehin methodisch nicht zulässig, die verbalen Kennzeichnungen statistisch gewonnener Dimension im Sinne von Entschlüsselungstabellen zu verwenden. Dies gilt besonders für den Fall, in dem die Faktoren durch schiefwinklige Rotation zustande gekommen sind, ist doch in dem einen kennzeichnenden Wort die Vielfalt der wirklich vorhandenen Beziehungen nicht annähernd ausgedrückt.

Der prima vista eng verwandt erscheinende Faktor »word fluency« spielt nicht die entscheidende Rolle, wie man nach der Bezeichnung annehmen sollte. Dieser Test ist eigentlich für viele der Zehnjährigen zu schwierig, was wir schon daran feststellen können, daß der Median der richtigen Lösungen dieser Altersgruppe bei fünf Worten liegt. Für diese Stichprobe wird der speed factor so dominierend, daß der Untertest überhaupt an Differenzierungskraft einbüßt. Erstaunlich ist die Diskrepanz der Einwirkungen der beiden Faktoren »Perceptual speed and accuracy« einerseits und »Number« andererseits auf die beiden Auswertungsverfahren. Dies ist so zu erklären, daß für die Produktivität wegen des sich heimlich etablierenden Zeitfaktors die Schnelligkeit des Lösungsvorganges doch bedeutsam wird. Eine zielgerichtete, konzentrierte Vorgehensweise ist dafür unumgänglich. Die Kinder mit den Spitzenwerten in Produktivität schrieben während der ganzen Versuchszeit unentwegt. In diesem Zusammenhang muß man sich vor Augen halten, daß der absolute Streubereich zum Beispiel von Item 1 des Tests »things« zwischen 4 und rund 50 Assoziationen liegt. Auch die Gesamtscores streuen schließlich zwischen 30 und 160 Lösungen. Da der Versuch gemeinsam beendet wurde, können die Spitzenleistungen nur durch konzentrierte Vorgehensweise gelöst werden. Während die Originalität überwiegend durch sprachliche Fertigkeiten determiniert ist, sind für die Produktivität auch Faktoren wie Konzentration, Geschwindigkeit des Denkverlaufes und Ausdauer von Bedeutung.

Auf die enge Verflochtenheit der Produktivität mit motivationalen Faktoren, für die wir hier einen ersten Hinweis erhalten, werden wir später genauer eingehen.

Der Beitrag der einzelnen Kreativitätstests zum Intelligenzwert ist relativ gleichbleibend. Der Streubereich der Korrelationskoeffizienten reicht von .23 bis .34. Die sprachlichen und nicht unmittelbar sprachlichen Kreativitätstests unterscheiden sich nicht in ihren Beziehungen zur Testintelligenz.

Tabelle 13 Korrelation der Kreativitätswerte mit dem Intelligenztest in Gruppen mit relativ homogener Intelligenz

	Produktivität	Originalität	Gesamtwert Kreativität
1. Quartil	0.02	0.18	0.05
2. Quartil	0.30	0.21	0.25
3. Quartil	0.01	0.00	0.01
4. Quartil	0.01	0.14	0.04

Um den Einfluß der Homogenisierung einer Stichprobe auf die Höhe der Beziehungen festzustellen, errechneten wir für jedes Quartil des Intelligenztests die Korrelationen zum Kreativitätssummenwert. In jedem Quartil befanden sich rund 50 Kinder, deren Intelligenzwerte relativ homogen waren.

Bei einem Vergleich dieser Werte mit dem für die ganze Stichprobe geltenden Wert von 0.44 fällt auf, daß keiner der in der Tabelle angegebenen Werte von Null auf dem 1%-Niveau signifikant verschieden ist. Die Werte innerhalb des 2. Quartils sind allerdings auf dem 5%-Niveau signifikant. Der Vergleich der Korrelationswerte untereinander mit dem Chiquadrattest für die Z'-Werte ergibt, daß sie nicht signifikant voneinander verschieden sind.
Wir halten deshalb fest, daß innerhalb homogener Intelligenzgruppen die Kovariation mit den Kreativitätsmaßen verschwindet, wohingegen sie über die Gesamtstichprobe sehr wohl vorhanden und substantiell ist.
Einen Schwellenwert in den oberen Bereichen können wir nicht feststellen. Dieser Befund deckt sich mit den Ergebnissen der Untersuchungen von CICIRELLI (1965) und RIPPLE u. MAY (1962), die allerdings mit den Kreativitätsoperationalisierungen der Minnesota-Tests gearbeitet haben.
An dieser Stelle taucht nun die Frage auf, ob die Nullkorrelationen von WALLACH u. KOGAN nicht durch die Homogenität ihrer Stichprobe hinsichtlich der Intelligenz mitbedingt wurde. Wir können die Frage nicht beantworten, da wir keine Angaben über die Streuung der Intelligenzwerte haben. Diese Schlußfolgerung kann einigen Anspruch auf Wahrscheinlichkeit erheben, da wir Angaben über den sozioökonomischen Hintergrund der untersuchten Kinder haben, die Aufschluß über die große Geschlossenheit der Stichprobe geben. Alle stammen aus der weißen protestantischen Mittelschicht. Wir wollen diese Frage wieder aufnehmen, wenn wir die Beziehung von Kreativität und sozioökonomischer Position untersuchen.

III. Kreativität, Intelligenz und Schulleistungen

Ausgehend von der empirisch erwiesenen Tatsache, daß die konventionellen Intelligenztests nur einen Teil der Variationen der Schulleistungen erklären können, wurde Kreativität als weitere kognitive Variable angeführt, um ohne Rekurs auf motivationale Variable das Problem der »overachiever« zu erklären. Im Zusammenhang mit der bereits erwähnten Schwellenhypothese wird angenommen, daß ab einer gewissen Höhe des IQ, meistens wird ein Wert von

120 IQ Einheiten angegeben, weitere schulische Leistungen nicht auf das Konto der Testintelligenz, sondern auf das der Kreativität gehen (TORRANCE, GETZELS u. JACKSON).
Dieser Befund konnte weder von YAMAMOTO (1967) noch von CICIRELLI (1965) bestätigt werden. In beiden Untersuchungen, bei denen mit TORRANCE-Tests gearbeitet wurde, zeigte sich, daß die ohnehin nicht homogene Kreativität überhaupt von geringem Einfluß auf die Schulleistung war.
In YAMAMOTOS Untersuchung wiesen die Over- und Underachiever keinerlei signifikante Unterschiede hinsichtlich der einzelnen Kreativitätsmaße auf. YAMAMOTO resumiert denn auch, daß die kognitiven Funktionen, die mit den gegenwärtigen Kreativitätstests erfaßt werden, keinen Einfluß auf die Schulleistungen haben.
Dies wird durch eine Untersuchung von FLESCHER (1963) unterstützt. FLESCHERS Untersuchung war, wie wir bereits dargestellt hatten, die einzige, in der Augenscheingültigkeitstests keine Beziehung zur Intelligenz aufweisen. Dies mag erklären, warum keine Beziehung zur Schulleistung auftrat. Wie aber die Befunde der anderen Autoren zu erklären sind, in denen einerseits signifikante Beziehungen zur Intelligenz zu verzeichnen waren, andererseits keine Beziehung zur Schulleistung, bleibt offen. Wir nehmen an, daß in der Mehrzahl der Fälle ein methodischer Fehler vorliegt. Die Bildung von Kreativitätssummenwerten liefert ein statistisches Artefakt, das keine psychologische Entsprechung hat.
Es gilt nun, festzustellen, wie die kognitive Funktion, die wir in Anschluß an MEDNICK und WALLACH u. KOGAN Kreativität nennen, mit schulischer Leistung kovariiert, ist sie doch zumindest in der Originaluntersuchung im Einzelversuch von der Testintelligenz un-

Tabelle 14 Kovariation von Intelligenzwert, Kreativität und Originalität mit Schulleistungen

	Kreativität	Originalität	Intelligenz-quotient
Betragen	.10	.05	.13
Mitarbeit	.41	.34	.43
Arithmetisches Mittel der sprachlichen Noten	.29	.19	.32
Heimatkunde	.39	.33	.41
Rechnen	.41	.30	.45
Bildhaftes Gestalten	.36	.24	.33
Musik	.14	.12	.25
Aufsatz	.27	.27	.34
Leibesübungen	.09	.17	.02

abhängig. Wir hätten damit ein Konstrukt zur Erklärung des Phänomens der overachiever, das in der Allgemeinpsychologie weit besser verankert ist. In der Tab. 14 haben wir die Korrelationen der einzelnen Schulfächer mit IQ, Kreativität und Originalität dargestellt.

Es läßt sich feststellen, daß sich der Kreativitätsgesamttest, der mehrheitlich durch die Produktivitätswerte determiniert ist, in der Beziehung zu den Schulnoten kaum von der Testintelligenz unterscheidet. Es zeigt sich auch deutlich, daß sich der Test Produktivität in der Art unserer Durchführung von einem Intelligenztest sprachlicher Prägung nicht zu sehr unterscheidet, wohl aber die Originalitätsauswertung! Die Beiträge der Testintelligenz zur Varianz der Schulnoten sind durchweg etwas höher als die der Kreativitätstests, wenn wir vom Fach Bildhaftes Gestalten absehen, das ja unter anderem Kreativität fördern und messen soll. Eine genauere Analyse der Daten wollen wir uns für die faktorenanalytische Auswertung aufsparen. Schulnoten sind ja nicht tatsächliche Schulleistungen, sondern Niederschlag des Urteilsverhaltens des Lehrers. Die Prozesse werden dann so komplex, daß nur mehr das Verfahren der Faktorenanalyse eine Interpretation gestattet.

Es sei an dieser Stelle nur vermerkt, daß bei Auspartialisierung der Intelligenz-Kreativitätsbeziehung immer noch eine signifikante Korrelation zwischen sprachlichen Noten und Kreativität verbleibt.

1
AM sprachliche Noten
.29 .32
Kreativität .44 Intelligenztest
2 3

$r_{12 \cdot 3} = 0.17$

Bei Ausschaltung des Einflusses der Intelligenz bleibt immer noch ein interpretierbarer Rest. Diese Partialkorrelationen bewegen sich in der gleichen Größenordnung wie die bei Cicirelli (1965), die zwischen Werten von .07 und 30 streuen.

Man wird also in jedem Fall durch die zusätzliche Verwendung von Kreativitätstests die Prognose von Schulleistungen verbessern können. Was die Verwendung der Ratingskalen betrifft, so zeigt sich, daß die Lehrer mit dem Begriff Ideenreichtum nicht sehr viel anfangen können. Er unterscheidet sich auf jeden Fall nicht von der Intelligenzvorstellung der Lehrer. Die Beurteilung der Schüler hinsichtlich ihrer Intelligenz korreliert zu r = 0.79 mit der Beurteilung des Ideenreichtums. Die Bravheit korreliert etwas weniger mit dem Ideenreichtum als mit der Intelligenz. Der Unterschied ist aber nicht interpretierbar. Die Korrelationen zu den objektiven Maßen sind merklich niedriger. Sie sind in Tab. 15 dargestellt.

Tabelle 15 Beziehung zwischen den objektiven Testmaßen und den Ratingskalen der Lehrer

Testarten	Ratings der Lehrer		
	Intelligenz	Bravheit	Ideenreichtum
Kreativität (GT)	.36	.23	.41
Produktivität	.35	.25	.39
Originalität	.32	.11	.38
Intelligenz	.57	.28	.58

Die von vielen Autoren konstatierte negative Beziehung von Kreativtät zur vom Lehrer registrierten Bravheit in der Schule hat sich nicht bestätigt. Es ist eher eine eben noch signifikante positive Kovariation der beiden Merkmale festzustellen. Es ist genau der gleiche Wert, der sich in einer Hamburger Untersuchung zwischen der Kreativitätsschätzung und der Bravheitseinschätzung durch den Lehrer ergeben hat (r = 0.23) (GROTE, HAJEK u. Mitarb. 1969). Immerhin steht der Originalitätswert in keiner signifikanten Beziehung zur Bravheit, wie ja überhaupt das Originalitätsmaß eher geeignet ist, eine von der Testintelligenz unabhängige Dimension zu erfassen.

IV. Kreativität und in der Schule geforderter Denkstil

WALLACH u. KOGAN konnten nachweisen, daß sich die Kreativen in der Verwendung und Bevorzugung bestimmter kognitiver Stile von den weniger Kreativen unterscheiden. Die differenzierenden Merkmale waren die »Bandbreite des Denkens« und gewisse Bevorzugungstendenzen in der Art der Kategorienbildung. Ersteres wurde durch eine für Kinder adaptierte Form des »Pettigrew Category Width Test« gemessen. Es werden Mittelwerte von Sachverhalten, mit denen das Kind vertraut ist, vorgegeben. Das Kind kann dann im Multiple-choice-Verfahren bestimmen, wie weit sich der größte und der kleinste Vertreter dieser Kategorie vom Mittelwert entfernt. Beispiel:

Die meisten Gebäude sind rund 50 Fuß hoch.
a) Wie hoch ist das höchste Gebäude? 421, 1253, 157 oder 63 Fuß?
b) Wie niedrig ist das kleinste Gebäude? 40, 6, 29 oder 17 Fuß?

Bewertet wird nicht die Richtigkeit der Lösungen, sondern die Bevorzugung der Kategoriengrenzen weiterer oder engerer Art.
Um festzustellen, welche Art der Kategorienbildung von den Kindern unterschiedlicher Kreativität bevorzugt wurde, legte der Versuchsleiter den Kindern 50 Abbildungen verschiedenster Gegenstände, z. B. Gabel, Türe, Zigarette usw. vor. Die Kinder sollten diese Abbildungen nun so zusammenlegen, daß die, welche irgendwie zusammengehörten, beieinander liegen würden. Über Größe und Art der Ordnungskategorien wurden keine Anhaltspunkte gegeben.
Alle auftauchenden Gruppierungsgesichtspunkte wurden drei Kategorien zugeordnet.

1. The descriptive category
Groupings in this category are based on similarity in objective, physical attributes among a group of stimuli.
2. The inferential category
These concepts classify objects because of some characteristics shared by all, but what they share is not inherent in the physical nature of the stimuli grouped. Each object is an individual instance of the label. The classifications made fall generally into the area of usage and location. Example: »For eating« (fork, spoon, glass).
3. The relational category
These relationships among the stimuli grouped together are functional and built on connections of temporal, spatial or complementary nature. The temporal-spatial complexes are concrete or situational in nature, generally thematic. Example: »Getting ready to get out« (Comb, lipstick, pocket book, door).

Die Untersuchungen gaben nun folgende Befunde. Kreative zeichnen sich durch eine im Mittelwert größere Bandbreite aus. Hinsichtlich der Kategorisierungsarten lassen die Kreativen keine bestimmte Vorliebe erkennen, während die Intelligenten die »inferential category« häufiger als Gruppierungsmerkmal verwenden.
Daß sich Intelligente von Unintelligenten hinsichtlich der Gruppierungsart unterscheiden, braucht nicht zu verwundern, wird doch in vielen Intelligenztests die Verwendung einer bestimmten Kategorisierungsart als Indikator für das Niveau des abstrakt-logischen Denkens benutzt. So prüft der Untertest »Gemeinsamkeitenfinden« von Hawie verbale Begriffsbildung und abstrakt logisches Denken. Rapaport unterscheidet für diesen Test folgende Abstraktionsniveaus:

1. Das *konkrete,* auf dem der Proband an sachlichen, mehr oberflächlichen Einzelheiten haftenbleibt, ohne sich von der unmittelbaren Anschauung entfernen zu können. Beispiel: »Orange und Zitrone – Gemeinsamkeit: Schale«.
2. Das *funktionale,* in dem das Beziehungsdenken prävalent ist (Beispiel: Beide kann man essen).

3. Das *abstrakte,* auf dem rein begrifflich, unabhängig von der Anschauungsqualität und der Beziehung zur eigenen Person und ihren Identifikationen eine wesentliche Gemeinsamkeit der beiden Sachverhalte hervorgehoben wird. Beispiel: Beide sind Früchte.

Wir erinnern nun daran, daß der Test Similarities in Analogie zum Test Gemeinsamkeitenfinden des WISC aufgebaut ist. Bis hin zu einzelnen Items entsprechen sich beide Testarten. Es gilt nun, an diesem Test zu zeigen, daß Kreativität hier so operationalisiert wurde, daß derjenige, der im Test Erfolg haben will, in bestimmte, dem abstrakt logischen Denken entgegengesetzte Denkstile gedrängt wird. Da gefordert wird, möglichst viel zu produzieren, und eine Gewichtung nach dem Niveau und der Präzision der Abstrahierung nicht erfolgt, gibt es per definitionen sehr viel weniger Gemeinsamkeiten, die der Stufe 3, nämlich der abstrakten RAPAPORTS, zu subsumieren sind. Dies beruht darauf, daß, je höher das Abstraktionsniveau eines Begriffes ist, desto mehr konkrete Einzelheiten in ihm enthalten sind. Gerade darin besteht ja die Ökonomie abstrakter Begriffe. Da es wenige abstrakte Begriffe gibt, ist die Wahrscheinlichkeit, daß sie nur von einer oder zwei Versuchspersonen gebracht werden, gering. Wer viel bringen will, muß Begriffe der Stufen 1 und 2 verwenden, denn hier ist die Zahl der zu findenden Gemeinsamkeiten wesentlich größer als bei Stufe 3.
Daraus folgt, daß die im sonstigen Schultraining erwünschten abstrakten Kategorisierungsleistungen bei dieser Art von Tests nicht zum Erfolg führen können, weil sie aufgrund ihrer Funktion, das Denken zu ökonomisieren, selten sind. Wir wollen nun am Beispiel der seltenen Gemeinsamkeiten von »Katze und Maus« diese Hypothese zu überprüfen suchen.
Folgende Lösungen wurden nur ein- oder zweimal in der gesamten Stichprobe genannt:

»Beide enthalten ein A, Angsthasen, bekannte Tiere, Bauch, Blut, beißen, essen Fleisch, feuchtes Schnäuzchen, feines Gehör, gute Nase, gefräßig, haben alles, was zum Gesicht gehört, Herz, hüpfen, Knochen, Körper, können beide hören, Leber, Lunge, Leckermäulchen, leben im Freien, fühlen sich draußen wohl, man kann sie beide nicht essen, man kann sie beide geschenkt bekommen, manchmal grau, menschenscheu, können Männchen machen, naschen, nagen, Popo, Pelztiere, rauben Speisekammer aus, stehlen, schwer zähmbar, spielen, sind leise, schreien manchmal, schleichen, töten, tapfer, trinken gerne Milch, wühlen in der Erde, weiches Fell, haben Verstecke.«

Wenngleich die Subsumption der Antworten in die Kategorien von RAPAPORT in manchen Fällen nicht leicht fällt, sieht man jedoch sehr deutlich, daß im eigentlichen Sinne abstrakte Gemeinsamkeiten völlig fehlen, sieht man von dem schwer einzuordnenden Gedanken »bekannte Tiere« ab. Die meisten Gemeinsamkeiten beziehen sich auf konkrete, hier meistens anatomische Sachverhalte. Die gleiche Tendenz ist bei allen Items dieses Tests zu beobachten, nur liegen dann die Konkretionen in anderen Bereichen. Bei »Zug und Traktor« z. B. im Bereich der Technik. Die im HAWIK mit 2 Punkten bewerteten Antworten wie Säugetiere usw. können gar nicht zum Tragen kommen, weil sie in jedem Fall von mehr als zwei Kindern gebracht werden. Wir sehen also, daß die Ausschließung des abstrakt logischen Denkens kein im eigentlichen Sinne psychologisches Phänomen ist, sondern Folge der Sprachökonomie. Andererseits ist die Furcht, etwas Falsches zu denken oder zu sagen, ein wesentlicher Faktor, der mitbestimmt, wann ein Reservoir an Assoziation als erschöpft gilt. Würde der Lehrer vor versammelter Klasse nach den Gemeinsamkeiten von Katze und Maus fragen, so könnte der Schüler, der die Antwort »Beide haben einen Popo« gäbe, des allgemeinen Gelächters der Klasse sicher sein. Es sind gerade die Intelligenten, die vor solchen mutmaßlichen falschen oder blöden Antworten große Angst aufweisen. Ehe der Klassenstar eine »blöde« Antwort niederschreibt, schreibt er lieber gar nichts und findet den Test blöd.

Dieser Druck nimmt im Gruppenexperiment zweifellos zu, auch wenn die Antworten nicht mündlich gegeben werden. Daß nicht nur dieses Beispiel von einer Teilgruppe als dumm angesehen wurde, zeigt das immer wieder auftauchende Gekicher und die ab und zu vorkommende Denunziation in der Art wie: »Schauen Sie einmal, was der geschrieben hat.«

Die Empörung über die Idee des Nachbars muß in diesen Fällen groß gewesen sein, denn die Kinder wußten, daß sie durch die Meldung verrieten, beim Nachbar abgeschaut zu haben. Wir sind der Meinung, daß dieses Verhalten nur der manifest werdende Endpunkt eines Kontinuums der Bereitschaft zur Zulassung von absurden Assoziationen ist. In den meisten Fällen wird es sich weniger häufig um die Denunziation fremder Ideen handeln als um die Nichtzulassung von eigenen. Aufgrund der bisherigen Erfolgsträchtigkeit des disziplinierten abstrakten Denkstils sind die Intelligenten weniger in der Lage, »absurde« Ideen zuzulassen. Dies gilt wahrscheinlich nur für die Absolventen eines bestimmten Sozialtrainings. Prinzipiell aber könnten die Intelligenten mehr Ideen produzieren. Diese Unterschiedlichkeit bestimmter kognitiver Stile macht die einzig sinnvolle psychologische Unterscheidung der Kreativität von der Intelligenz aus.

Daß Intelligente, die keine Angst vor der Zulassung absurder Ideen haben, mehr originelle Ideen liefern würden, scheint klar auf der Hand zu liegen. Wir wollen dies jedoch an einem Einzelbeispiel verdeutlichen.

Item 1 des Tests »things« lautet: »Nenne mir alle runden Dinge, die dir einfallen.« Eine große Zahl von Schülern kommt auf die Idee, Erde, Sonne oder Mond zu nennen. Planet wird schon seltener gebracht. Der Schüler aber, der die Namen der Planeten beherrscht, bekommt 4 oder 5 Originalitätspunkte zugesprochen, da der fehlende Konzeptwechsel nicht berücksichtigt wird. Wir können daher schon aus einer psychologischen Analyse erwarten, daß die so gemessene Kreativität hoch mit dem Verbalfaktor »allgemeines Wissen« korrelieren muß, was ja durch die empirischen Untersuchungen bestätigt wurde. Aus diesem Grund sollte man auch erwarten, daß die Kreativitätstests mit dem sozioökonomischen Status ebenso korrelieren wie die konventionellen Intelligenztests. Allerdings muß man einräumen, daß manche Schüler, die in der Beherrschung des kulturellen Grundrepertoires mittelständischer Prägung nicht so sicher sind, sehr spezifische Wissensnischen haben, durch die sie es bei dem einen oder anderen Item des Kreativitätstests zu großen Leistungen bringen. Im allgemeinen muß aber der überlegen sein, der auch im Verbalfaktor des Intelligenztests hohe Werte erzielt.

V. Kreativität und der Beruf des Vaters

Um die oben angedeutete Hypothese zu überprüfen, erstellten wir aufgrund der uns bekannten väterlichen Berufe eine Skala der sozioökonomischen Position der Familie. Wir übernahmen eine von Aurin (1966) verwendete zehnstufige Einteilung.

1. Rentner
2. Hilfsarbeiter
3. Facharbeiter und Handwerker
4. Selbständige Handwerker
5. Bauern
6. Angestellte ohne besondere Ausbildung
7. Kaufleute (z. B. Kolonialwarenhändler)
8. Angestellte und Beamte gehobenen Niveaus
9. Selbständige Unternehmer
10. Adademiker, höhere Beamte

Diese Einteilung ist überwiegend unter Berücksichtigung der finanziellen Verhältnisse der einzelnen Berufszweige entstanden und ist damit einseitig. Dazuhin sind die Rangunterschiede nicht absolut zu sehen. Trotz aller bekannten Mängel wollen wir auf diese Information nicht verzichten.

Tabelle 16 Mediane und Quartile der sozioökonomischen Position der einzelnen Klassen

Klasse	1. Quartil	Median	3. Quartil	$\frac{Q_3-Q_1}{2}$
1	2,45	3,25	6,00	1,73
2	2,67	3,25	5,50	1,42
3	2,78	3,83	7,60	2,41
4	2,73	3,43	5,55	1,41
5	2,69	3,35	5,08	1,20
6	2,07	2,83	5,50	1,20

Der Median der Gesamtstichprobe liegt bei 3.518, also zwischen der Kategorie Facharbeiter, Handwerker und selbständige Handwerker. Der Mediantest ergibt, daß sich die Werte der Klassen nicht signifikant voneinander unterscheiden. Der in der Tendenz niedrigere Wert der Klasse 6 ist in Zusammenhang mit der ländlich-bäuerlichen Struktur des Schulortes zu sehen. Die meisten Väter sind ungelernte Arbeiter, die ihre Landwirtschaft noch als Zuerwerbsbetrieb unterhalten.
In der Tab. 17 sind die signifikanten Rangkorrelationswerte dieser Variablen mit den untersuchten Dimensionen dargestellt.

Tabelle 17 Rangkorrelationen der sozioökonomischen Position mit den anderen Variablen

Variable	Wert	Variable	Wert
Intelligenzquotient	0.22	Arithmetisches Mittel der Sprachfächer	0.29
Betragensnote	0.27	Lehrerrating Ideenreichtum	0.30
Lehrerrating Intelligenz	0.26	Fragebogen »schwierige äußere familiäre Situation«	−0.17
Fragebogen »strenge Gängelung, Druck durch Eltern«	−0.17	Soziogramm »beste Ideen«	0.24
Soziogramm »positive Wahlen«	0.20		

Die Ergebnisse der Tabelle kann man folgendermaßen zusammenfassen:
Die Schulkinder beurteilen Klassenkameraden aus höheren Familien als ideenreicher. Sie werden häufiger als Nebensitzer gewählt.

Auch die Lehrer beurteilen solche Kinder eher als intelligent und ideenreich, was sich vor allem in der Notengebung der sprachlichen Fächer niederschlägt. Dabei ist zu berücksichtigen, daß diese Kinder im Mittelwert des Intelligenztests tatsächlich besser abschneiden. Dieses bessere Ergebnis basiert im wesentlichen auf der Beziehung zwischen sozioökonomischer Herkunft und dem besseren Abschneiden in verbalen Faktoren des Intelligenztests. Es gibt jedoch auch positive Ergebnisse zu anderen Intelligenzdimensionen. *Zur Kreativität bestehen keine Beziehungen.*

Festzuhalten ist, daß in den einzelnen Klassen von den Lehrern die sozioökonomische Herkunft des Schülers in sehr stark unterschiedlichem Maße für die Notengebung und für die Vermittlung von »cues« für das Selbstkonzept der Schüler verwendet wird.

In der Tab. 18 sind die Korrelationswerte der sozioökonomischen Position mit der Selbsteinschätzung der Kinder hinsichtlich ihrer mutmaßlichen Fähigkeiten als Schüler wiedergegeben.

Tabelle 18 Beziehung zwischen Selbsteinschätzung als Schüler und der sozioökonomischen Position innerhalb der Klassen

Klasse 1	−0.06	
Klasse 2	0.57	Signifikant auf dem 1%-Niveau
Klasse 3	0.22	
Klasse 4	−0.27	Signifikant auf dem 5%-Niveau
Klasse 5	0.25	
Klasse 6	−0.15	

Dies ist so zu verstehen, daß sich die einzelnen Lehrer in der Vermittlung der »cues« für das Schülerselbstkonzept unterschiedlich stark an der sozialen Herkunft des Kindes orientieren. Inwieweit dies bewußt geschieht, geht aus den Daten natürlich nicht hervor. Die Klasse 2 ist uns aber bereits bestens vertraut durch die hohen Verdrängungswerte und die geringe Kreativität. Der Lehrer war, wie aus persönlichen Gesprächen hervorging, in denen er sich gegen Vorwürfe der Elternschaft und auch des Rektorats verteidigte, von seinen Qualitäten außerordentlich eingenommen.

Klasse 4 und 6 waren die mit den höchsten Kreativitätswerten. Den Wert der letzten Klasse kann man so interpretieren, daß der Lehrer, dessen Schüler sich in der Mehrzahl aus einer homogenen niedrigeren Schicht rekrutieren, unabhängig von jedem Autoritarismus auf den Aufbau eines feineren und andersartigen Bezugssytems angewiesen war.

Wenn wir die schulsoziologischen Betrachtungen von CHARLOTTE LÜTHKENS, die unsere Schulen als Mittelklasseninstitutionen aus-

weisen, mit in die Überlegungen einbeziehen, werden uns diese Befunde nicht zu sehr verwundern. Zentral mittelständische Werte sind Ordnung und Wohlverhalten. Beide sind nicht gerade kreativitätsförderlich (LÜTHKENS u. HEINTZ 1959).
Allerdings muß auf die dringliche Notwendigkeit hingewiesen werden, solche Beobachtungen durch systematische Vergleiche von Schulklassen mit Lehrern unterschiedlichster Lehrstile zu untermauern. Auch muß das von uns abgegebene Urteil, in dem wir den Lehrer der Klasse 2 als außerordentlich autoritär bezeichneten, durch Interaktionsanalysen Klasse/Lehrer bestätigt werden.
Es ist allerdings nicht verwunderlich, daß in einem solchen pädagogischen Milieu die introjizierte Angst, etwas Falsches zu sagen, die Entleerung assoziativer Speicher rasch beendet. Es sind also nicht so sehr die traumatischen Ereignisse der Kindheitsentwicklung, sondern die je klassenspezifischen Lerngeschichten, die assoziative Flüssigkeit und Originalität hemmen. Die Zusammenhänge zwischen Schulangst und Kreativität werden dies bestätigen.

VI. Schulangst und Kreativität

FLESCHER (1963) konstatierte aufgrund seiner bereits erwähnten empirischen Untersuchung das Fehlen einer Beziehung zwischen allgemeiner Angst und Testangst einerseits mit Kreativität andererseits. Da die einzelnen Kreativitätstests jedoch keine signifikanten Interkorrelationen aufwiesen, brauchen wir dieses Ergebnis nicht weiter zu berücksichtigen. WALLACH u. KOGAN stellten fest, daß hohe Abwehrbereitschaft zusammen mit niedriger Testangst den niedrigsten Kreativitätsgrad bewirkt. Offen zugegebene Angst hindert die Kreativität nicht, während extreme Abwehrmechanismen den Kreativitätsgrad herabsetzen.
WALLACH u. KOGAN bringen die Angst/Kreativitätsbeziehung in Zusammenhang mit dem YERKES-DODSON-Gesetz. Danach soll eine umgekehrt U-förmige Beziehung zwischen Kreativität und Angst bestehen, indem leichte Angstgrade fördernd sind, schwere jedoch störend.
Leider läßt sich diese Beziehung empirisch nicht überprüfen, weil man das reale Angstniveau nie messen kann. Daß die Kinder, die sehr niedrige Angstwerte aufweisen, wenig kreativ sind, ist nicht Folge ihrer geringen Angst, sondern Folge der zahllosen notwendigen Abwehrmechanismen, die den *Testwert* niedrig halten. Wie wir in der Faktorenanalyse zeigen werden, gibt es eine Angstabwehrdimension, in der diese beiden Meßverfahren die jeweils höchsten, aber entgegengesetzten Ladungszahlen aufweisen.
Abwehrmechanismen scheinen wenig Einfluß auf die Intelligenz zu

haben. Der hemmende Einfluß der Abwehrfunktion ist am ausgeprägtesten in unstrukturierten, ungewohnten Situationen, was bei den üblichen Intelligenztests nicht zutrifft, wohl aber bei dieser Art der Kreativitätstests. Es sind also eigentlich zwei recht verschiedene Arten von Angst, die Einfluß auf Intelligenz und Schulleistungen einerseits und Kreativität andererseits haben.
Im ersten Fall ist es die Angst, in einer evaluierenden Situation zu versagen, in der das Problem vorstrukturiert ist. Im zweiten Fall ist es gerade die Freiheit der Problemstellung selbst, die die Angst erweckt, es könne etwas Falsches, Desavouierendes zutage treten.
Bei Berücksichtigung der Gesamtstichprobe ergeben sich zwischen Kreativität und Schulangstwert einerseits und Kreativität und Abwehrtendenzen andererseits keine Beziehungen. Wohl aber eine sehr signifikante negative Korrelation von - 0.57 zwischen Abwehrtendenzen und Angstwerten.
Zwischen den im Fragebogen ermittelten Störungswerten für die einzelnen Familien und der Schulangst besteht eine sehr signifikante Beziehung von .42.

1
Gesamtstörungsscore
in der Familie
.42 –.34
Schulangst –.57 Abwehrtendenz
2 3

Dies darf man nicht so interpretieren, als hätten die Kinder aus gestörten Familien geringere Abwehrneigung, sondern umgekehrt; die starke Abwehrneigung läßt die Kinder wenig Negatives zugeben oder perzipieren. Dies findet seine Bestätigung in der Einzelanalyse der Fragen, in der sich die Kreativen von den Nichtkreativen gerade in der Wahrnehmung negativer Eigenschaften und Stile der Eltern unterschieden.
Die Tendenz zur Abwehr ist allerdings in dem stärker auf die unmittelbare Situation bezogenen Schulangstfragebogen größer, was man so interpretieren kann, daß die aktuelle Schulsituation, in der sich die Kinder während des Tests befanden, stärker reaktivierend wirkt.

1
Intelligenztest
–.34 .17
Schulangst –.57 Abwehrtendenz
2 3

Durch Auspartialisierung der Abwehrtendenz erhöht sich die Korrelation zwischen Schulangst und Intelligenztestleistung auf $r_{12 \cdot 3} = -0.54$. Damit werden die Befunde von SARASON (1964) bestätigt. Je weniger spielähnlich eine Testsituation ist, desto stärker kommt die Schulangst zur Auswirkung. Das heißt also nicht, daß die Angst keine Auswirkung auf die Kreativität hat, sondern das heißt, daß die Schulangst nur in schulähnlichen Situationen zum Wirken kommt, wozu man den Kreativitätstest nicht zählen kann. Insofern ist die Frage der Zusammenhänge zwischen Angst und Kreativität auf die Lösung der Repräsentativitätsfrage zwischen abgefragten Situationen und Testsituationen reduziert. Hätten wir einen allgemeinen Angstfragebogen verwendet, wäre eher eine Beziehung zur Kreativität zustande gekommen.
Die defensiven Kinder sind gegenüber den ängstlichen im Vorteil, weil sie gerade aufgrund der Abwehrmechanismen eine Konfliktlösungstechnik in Schulsituationen geschaffen haben. Wenn allerdings die Abwehrstrukturen zusammenbrechen, sind sie der Angst um so heftiger ausgeliefert. Alle Lehrerurteile und Schulnoten stehen in leicht negativer Beziehung zur Schulangst und in leicht positiver zur Abwehrtendenz. Dies kann man so interpretieren, daß die Lehrer via Schulnoten Angst machen. Die Angst selbst läßt den Mißerfolg wahrscheinlicher werden, was wiederum angstauslösende Reaktionen des Lehrers provoziert (siehe auch E. HOEHN, 1969). Die Kinder, die aufgrund der Abwehrhaltungen die Angst nicht manifest werden lassen, haben zumindest den Vorteil, daß sich der unglückselige Kreisprozeß nicht in Gang setzt.
Es gibt ein methodisches Argument, das die nicht vorhandene Beziehung zwischen Kreativität und Verdrängung und Schulangst erklären kann. Wenn es sich tatsächlich um eine Beziehung nach Art des YERKES-DODSON-Gesetzes handelt, ist der Korrelationskoeffizient kein adäquates Maß der Beschreibung des Zusammenhangs. Dies scheint uns nicht wahrscheinlich, bewegen sich doch die Korrelationskoeffizienten mit konventionellen Intelligenzleistungen wie Tests und Schulnoten in der gleichen Größenordnung wie bei den anderen Untersuchern (SARASON 1961, RUEBUSH 1963). Der entscheidende methodische Fehler ist aber wohl der, daß die Varianz zwischen den Klassen weit größer ist als innerhalb der Gesamtstichprobe.
In der Tab. 19 sind die durchschnittlichen Schulangst- und Abwehrtendenzwerte der einzelnen Klassen mit den dazugehörigen Standardabweichungen gegenübergestellt.

Tabelle 19 Mittelwerte und Standardabweichungen der Schulangstwerte und Abwehrtendenz in den einzelnen Klassen

	Schulangst		Abwehrtendenz	
Klasse 1	9.40	6.77	5.37	2.37
Klasse 2	6.82	4.15	6.00	2.26
Klasse 3	12.33	6.18	4.09	2.47
Klasse 4	14.78	5.13	3.07	1.61
Klasse 5	11.32	6.11	4.54	1.47
Klasse 6	15.29	8.10	3.70	2.22

Die Mittelwertsunterschiede können nicht als zufallsbedingte Streuung um einen gemeinsamen Populationsmittelwert angesehen werden. Die Varianz der Mittelwerte unterscheidet sich signifikant von der Populationsvarianz. Es steht also fest, daß der Lehrer in so entscheidenden Dimensionen wie Schulangst und ihrer Bewältigung von außerordentlich großem Einfluß ist. Dementsprechend müssen wir in den verschiedenen Klassen auch verschiedene Arten der Beziehung zwischen Schulangst und Abwehrtendenz einerseits und Kreativität andererseits erwarten.
In der Tab. 20 sind die Korrelationswerte für die Beziehung Schulangst und Abwehrtendenz einerseits den Originalitätswerten andererseits gegenübergestellt.

Tabelle 20 Korrelationswerte der Beziehung Schulangst/Originalität und Abwehrtendenz/Originalität in den untersuchten Klassen

	Schulangst/ Originalität	Abwehrtendenz/ Originalität
Klasse 1	.42	−.23
Klasse 2	−.21	−.02
Klasse 3	−.04	.10
Klasse 4	−.01	−.08
Klasse 5	−.35	.16
Klasse 6	.13	−.33

Eine Überprüfung der in Z'-Werte transformierten Korrelationen auf Verschiedenheit mittels des Chiquadrat-Tests ergibt für die Abwehr/Originalitätswerte keine signifikanten Abweichungen. Man kann annehmen, daß sich diese Werte nicht bedeutsam unterschei-

den, die Bildung eines gemeinsamen Korrelationskoeffizienten ist zulässig.
Dies trifft jedoch nicht auf die Beziehungen Schulangst/Originalität zu. Das Chiquadrat ist auf dem 5%-Niveau signifikant (MITTENECKER 1964). Der Schlüssel zur Inhomogenität liegt wohl darin, daß der Stil des Lehrers weitgehend bestimmt, wie der Test perzipiert wird. Wird er als Intelligenztest wahrgenommen, gilt die hemmende Funktion der Schulangst, wie wir sie von anderen Intelligenzaufgaben kennen. Wird er als spielerisches Verfahren abseits der Schulsituation perzipiert, so kommt die hemmende Wirkung von Abwehrtendenzen eher zum Tragen. In der unzulässigen Betrachtung aller Kinder als einer homogenen Stichprobe gleichen sich diese unterschiedlichen Tendenzen aus, und es ergibt sich ein Wert nahe Null.
Wir müssen also gestehen, daß wir gerade die entscheidende Frage offenlassen müssen. Es ist nach wie vor ungeklärt, ob es die Kinder mit den besonders zahlreichen Abwehrmechanismen sind, die kreativ wenig tätig sein können. Wir müssen allerdings auch zugeben, daß diese Art Fragebogen höchst mangelhafte Operationalisierungen für die psychoanalytischen Konstrukte sind. Vor allem ist die Schulangst nicht repräsentativ für die allgemeine Angst, wenn auch in anderen Untersuchungen positive Beziehungen gefunden wurden.
Die Aufgabe harrt noch ihrer Lösung, in faktoriellen Versuchsplänen die Angst/Kreativitätsbeziehung in verschiedenen Klassen mit Lehrern verschiedener pädagogischer Strategien zu untersuchen.

VII. Perzeption des Elternhauses durch Kreative und weniger Kreative

Aus den Fragen zur Familiensituation haben wir nach der Augenscheingültigkeit drei Meßskalen zusammengestellt. Die erste nannten wir *Strenge, Gängelung, Druck.* Aufgrund der gestellten Fragen erhielten wir folgende Antworten:

»Ich muß zu Hause zu viel mithelfen; ich bekomme zu wenig Taschengeld; ich wünschte, mein Vater wäre nicht so streng; ich wünschte, meine Mutter wäre nicht so streng; meine Eltern fragen zu wenig nach meiner Meinung; meine Eltern erwarten zu viel von mir; ich wünschte, man würde mir zu Hause nicht in alles dreinreden; manchmal möchte ich von zu Hause fort; ich habe Angst, es meinen Eltern zu sagen, wenn ich etwas Unrechtes getan habe; meine Eltern sind immer hinter mir her, daß ich mehr lerne; meine Eltern wollen nicht gerne zugeben, daß ich manchmal recht habe; meine Eltern haben zu viel an mir auszusetzen.«

Die Durchschnittswerte der einzelnen Klassen sind nahezu gleich. Der Durchschnittswert in der Gesamtstichprobe liegt bei 5,93 und weist eine Standardabweichung auf von 3.22. Von den zwölf Fragen werden also im Durchschnitt knapp die Hälfte mit ja beantwortet.
Es sollte doch bedenklich stimmen, wenn 67,7% der Kinder die Frage, ob sie manchmal von zu Hause fortwollen, zustimmend beantworten. Daß die Eltern zu wenig Vertrauen zu ihnen haben, finden gar 77% der Kinder.
In einer weiteren ad hoc zusammengestellten Skala versuchten wir die *Vertrauensstörungen* zu erfassen. Wir erhielten folgende Antworten:

»Ich kann mich mit meinen Geschwistern nicht vertragen; manchmal habe ich das Gefühl, daß ich nicht richtig zur Familie gehöre; meine Eltern behandeln uns Geschwister nicht alle gleich; meine Eltern haben zu wenig Vertrauen zu mir; ich wünschte, ich könnte meinen Eltern mehr helfen; ich wünschte, ich könnte das Vertrauen meiner Eltern gewinnen; es wäre schön, wenn wir in unserer Familie mehr gemeinsam machen würden; meine Eltern interessieren sich nicht für das, was ich erreiche und leiste.«

Schließlich versuchten wir, die *äußeren familiären Schwierigkeiten* durch einige Fragen zu erfassen. Die Antworten auf diese lauteten:

»Ich wünschte, ich hätte zu Hause ein ruhiges Plätzchen zum Lernen; ich wünschte, bei uns zu Hause wäre es ein bißchen netter; ich lade andere ungern zu mir nach Hause ein; ich wünschte, ich hätte ein eigenes Zimmer; unsere Familie hat häufig Geldsorgen.«

Die so entwickelten Skalen wiesen mittlere Interkorrelationen auf, so daß die Bildung eines Gesamtstörungsscores zulässig schien. Obwohl wir aus methodischen Erwägungen keinen großen Wert auf diese Skalen legen, seien die signifikanten Beziehungen zu anderen Variablen doch erwähnt.

Tabelle 21 Signifikante (5%) Korrelationen des Gesamtstörungsscores mit anderen Variablen der Untersuchung

Anzahl der Geschwister	.28
Soziogramm: Beste Ideen	−.18
Abwehrtendenz	−.34
Schulangst	.42
Verbal factor	−.32
Gesamtintelligenzwert	−.21

Es ist vielleicht doch bemerkenswert, daß es gerade der Verbalfaktor ist, der von der Störung so in Mitleidenschaft gezogen wird –

und dies, obwohl die Störungswerte selbst nicht mit dem Status korrellieren. Wir wollen jedoch festhalten, daß die Skalen »Strenge, Gängelung, Druck« und »äußere familiäre Schwierigkeiten« mit -.17 knapp unter der Signifikanzgrenze mit der sozioökonomischen Position kovariieren. Die Skala Vertrauensstörungen hat gar keine Beziehungen zum Status.

Die Kovariation mit der Schulangst ist überhöht, weil die Abwehrtendenz in beide Fragebogen wirksam eingeht und die Ergebnisse homogenisiert, indem wenig abwehrende Kinder sowohl das Elternhaus als die Schule eher negativ sehen können, bzw. ihre negativen Gefühle zulassen können. Um nicht ganz auf die inhaltliche Information der Fragen verzichten zu müssen und um auch methodisch sauberer vorgehen zu können, errechneten wir für jede einzelne Frage die Antwortenverteilung in der Gesamtstichprobe und verglichen Hochkreative mit weniger Kreativen in der Antworttendenz. Als Trennmerkmal diente der Median. Als theoretische Verteilung legten wir die Gleichverteilung zugrunde und errechneten nun, bei welchen Fragen Hochkreative signifikant andere Antworttendenzen aufweisen als weniger Kreative. Keine Frage wurde von den über dem Median rangierenden Kreativen sehr signifikant anders beantwortet als von den unter dem Median rangierenden, wobei jedoch eine Frage mit nur mehr 1,19% Zufallswahrscheinlichkeit für das Zustandekommen einer so großen Differenz sehr dicht in diese Nähe kommt.

1. Fragen, die von Kreativen und Nichtkreativen unterschiedlich beantwortet wurden (Signifikanzniveau 5%).

a) Ich wünschte, ich könnte das Vertrauen meiner Eltern gewinnen.

	Ja	Nein
Über dem Median	49	50
Unter dem Median	29	68

b) Manchmal mache ich mir Gedanken darüber, was noch alles passieren wird.

	Ja	Nein
Über dem Median	21	78
Unter dem Median	29	70

2. Fragen, die in der Tendenz von Kreativen und Nichtkreativen unterschiedlich beantwortet wurden (Signifikanzniveau 5–20%).

c) Ich muß zu Hause zu viel mithelfen.

	Ja	Nein	
Über dem Median	75	24	9,15% Zufalls-
Unter dem Median	60	38	wahrscheinlichkeit

d) Ich habe Angst, es meinen Eltern zu sagen, wenn ich etwas Unrechtes getan habe.

	Ja	Nein	
Über dem Median	43	56	10,20% Zufalls-
Unter dem Median	32	67	wahrscheinlichkeit

e) Meine Eltern wollen nicht zugeben, daß ich manchmal recht habe.

	Ja	Nein	
Über dem Median	55	44	11,31% Zufalls-
Unter dem Median	43	55	wahrscheinlichkeit

f) Ich bekomme zu wenig Taschengeld.

	Ja	Nein	
Über dem Median	68	30	14,23% Zufalls-
Unter dem Median	56	43	wahrscheinlichkeit

g) Wenn ich einmal beschlossen habe, etwas zu tun, tue ich es auch.

	Ja	Nein	
Über dem Median	13	86	14,23% Zufalls-
Unter dem Median	19	79	wahrscheinlichkeit

h) Ich bin sehr lebhaft.

	Ja	Nein	
Über dem Median	21	78	15,87% Zufalls-
Unter dem Median	15	82	wahrscheinlichkeit

i) Manchmal mache ich mir Gedanken darüber, was andere Leute über mich denken.

	Ja	Nein
Über dem Median	40	59
Unter dem Median	48	50

j) Wenn ich mit anderen Jungen und Mädchen zusammen bin, mache ich meistens den Anführer.

	Ja	Nein	
Über dem Median	49	50	16,85% Zufalls-
Unter dem Median	59	39	wahrscheinlichkeit

k) Ich finde schnell neue Freunde.

	Ja	Nein
Über dem Median	23	76
Unter dem Median	17	82

l) Meine Eltern haben zu wenig Vertrauen zu mir.

	Ja	Nein	
Über dem Median	82	16	18,94% Zufalls-
Unter dem Median	71	28	wahrscheinlichkeit

m) Meine Eltern erwarten zu viel von mir.

	Ja	Nein	
Über dem Median	75	24	20,05% Zufalls-
Unter dem Median	65	34	wahrscheinlichkeit

Die restlichen Fragen kann man im Hinblick auf ihre Trennschärfe in der Beantwortung durch Kreative und Nichtkreative mit einem so konservativen Kriterium wie dem Median nicht mehr interpretieren. Wir haben jedoch diesen Trennwert verwendet, um dadurch den Regressionseffekt auszuschalten. Von Interesse sind noch die Fragen, bei denen sich die Kreativen von den weniger Kreativen gar nicht unterscheiden.

n) Ich wünschte, mein Vater wäre nicht so streng. Jeweils 61 der Kinder beantworteten diese Frage mit ja. Jeweils 38 mit nein.

o) Manchmal träume ich schreckliche Sachen. Jeweils 26 Kinder beantworteten diese Frage mit ja und je 73 mit nein. Diese Frage wurde als Abwehritem verwendet. Sie scheint nicht sehr geeignet, da noch mehr als 73% aller Kinder diese Frage mit nein beantworten.

Man kann die Ergebnisse so zusammenfassen, daß die Kreativen das Elternhaus vor allem in seinen psychologischen Qualifikationen negativer sehen. Sie sind allerdings auch sonst fordernder, was äußere Sachverhalte betrifft. Sie sind etwas weniger euphemistisch in der Beurteilung ihrer eigenen Person, indem sie ihre Entschlußkraft nicht so hoch einschätzen. Sie scheinen weniger auf das Urteil anderer zu achten und weniger extraversive Führungsqualitäten aufzuweisen.
Offen bleibt die Frage, ob es sich hier um unterschiedliche Kognitionen handelt oder um die verbale Beschreibung unterschiedlicher elterlicher Verhaltensweisen. Wir neigen eher der ersteren Auffassung zu, weil in den tatsächlichen Verhaltensbeschreibungen die Gleichverteilung meistens gewährleistet ist.
Kreative können negative Ansichten über ihre Eltern eher zulassen. Dies entspricht dem Befund, daß die Idealisierung des Elternhauses gerade dann nötig ist, wenn dieses besonders deprivierend und frustrierend ist. Man kann daraus die Erziehungsmaximen ableiten, daß die Eltern Kritik ertragen können müssen und sich vor allem nicht als Alleskönner und -wisser hochstilisieren dürfen.
Daß dies auch für das Lehrerverhalten gilt, scheint uns aufgrund unserer eigenen Beobachtungen auf der Hand zu liegen. Leider läßt sich ein solcher Stil wohl kaum durch einen Willensakt erreichen. Im Gegenteil scheint es so zu sein, daß sich die Fehlhaltungen von Generation zu Generation tradieren, indem schwache Eltern keine Kritik ertragen können, weil jede Kritik ihr ohnehin defizientes Selbstwerterleben zu sehr tangiert. Durch die Unterbindung jeder Kritik und möglicher negativer Sichtweiten werden wieder ebenso schwache Individuen geschaffen, wie sie die Eltern waren.
Es sei am Rande vermerkt, daß die Fragen zur sozialen Extraversion nicht verwendet werden konnten, da sie keine Trennschärfe aufwiesen und von der großen Masse der Kinder im Sinne von Stereotypen einheitlich beantwortet wurden.
Unabhängig von der Signifikanzberechnung kann man konstatieren, daß von den 25 Fragen, in denen kritisch zum Elternhaus Stellung genommen wird, 19 von den Kreativen eher bejaht werden. Wenn man die Fragen, die sich mit äußeren Schwierigkeiten befassen, wegläßt, z. B. »unsere Familie hat häufig Geldsorgen«, so trifft die stärkere Kritikbereitschaft der Kreativen auf alle Fragen zu.
Wir haben nun doch eine indirekte Bestätigung unserer Hypothese über die geringe Abwehrtendenz der Kreativen erhalten und müs-

sen uns zu der Vorstellung durchringen, daß der Fragebogen, mit dem wir diese Tendenz zu erfassen suchten, noch nicht näher bekannte Mängel aufzuweisen hat.

VIII. Geschwisterkonstellationen und Kreativität

Ein recht interessantes Nebenergebnis erbrachte die Analyse der Einwirkung der Geschwisterkonstellation auf Kreativität und Intelligenz. In der Tab. 22 sind Intelligenz und Kreativitätswerte der verschiedenen Konstellationen dargestellt.

Tabelle 22 Intelligenz und Kreativitätswerte der verschiedenen Geschwisterkonstellationen

		Intelligenz	Produktivität	Originalität	Kreativität
Einzelkind	AM	78,94	90,33	11,25	102,08
N = 24	s	29,03	23,52	7,82	29,96
Ältestes		71,98	92,37	10,79	103,17
N = 64		27,01	26,11	7,65	32,23
Jüngstes		73,11	93,34	13,36	106,71
N = 52		33,14	26,76	9,46	34,48
Dazwischen		66,93	83,12	8,64	91,77
N = 62		24,36	23,77	5,90	28,07

Der Unterschied zwischen den Mittelwerten der einzelnen Gruppen in der Dimension Kreativität ist mit einem F-Wert von 2,119 der Varianz zwischen den Gruppen zur Varianz innerhalb der Gruppen knapp oberhalb der Signifikanzgrenze (5% bei F-Wert 2,65).
Jedoch ist der Unterschied zwischen den Jüngsten und den dazwischen liegenden Kindern auf dem 5% – Niveau gesichert (Duncan-Test). Für die Originalität ist dieser Unterschied gar auf dem 1% – Niveau signifikant. Ebenso ist der Unterschied zwischen den Einzelkindern und den dazwischen liegenden hinsichtlich der Intelligenz gesichert.

Wir halten fest, daß die Jüngsten in allen Kreativitätstests überlegen sind. Sie überragen vor allem die zwischen anderen Geschwistern liegenden Kinder, die auch im Intelligenztest schlechter abschneiden. Allerdings sind in diesem kognitiven Bereich die Einzelkinder am besten.
Diese Ergebnisse sind schwer zu interpretieren, und wir maßen uns nicht an, eine erschöpfende Erklärung bieten zu können. Daß die Einzelkinder im Intelligenztest besser abschneiden, könnte seine

Ursache in der negativen Beziehung von Kinderzahl und sozioökonomischem Status haben, der selbst wieder positiv mit dem Intelligenztest korreliert. Einzelkinder sind eher aus statusmäßig höher rangierenden Familien. In der Tendenz läßt sich dies bestätigen. Der durchschnittliche Rangplatz der Familien der Einzelkinder beträgt 4,60, derjenige der Kinder, die dazwischen liegen, 4,08. Er ist statistisch nicht gesichert.

Eine Interpretation dieses Ergebnisses bedarf noch genauerer Untersuchungen. Daß die Jüngsten die höchsten Kreativitätswerte aufweisen, könnte man mit SCHACHTER (1959) so erklären, daß mit jedem zusätzlichen Kind, das die Eltern bekommen, die Angst als Erziehungshaltung abnimmt. Eigenes exploratives Verhalten der Kinder wird dann eher toleriert, schon weil die Mutter aufgrund der Existenz der anderen Kinder ihre Protektion nicht im gleichen Maße dem jeweils letzten zuwenden kann.

»... with her first child, a mother is undoubtedly more ill at ease and more worried than she is with her later children ... By the time she has her second or third child, besides having less time to pay attention she is certainly more blasé and sophisticated about the business of child rearing ...« (SCHACHTER 1959)

Dazuhin wäre es natürlich denkbar, daß durch die Existenz der älteren Geschwister, die ja alle jeweils verschiedene Entwicklungsphasen durchlaufen, die Lernwelt und das Rollenangebot solcher Kinder reichhaltiger ist. Mag sein, daß aufgrund dieser Tendenz die Kreativitätstests mit dem sozioökonomischen Status nicht kovariieren, obwohl sie mit dem Intelligenztest in Beziehung stehen und dieser wiederum mit dem Status. Während also die Einzelkindsituation für die konventionelle Intelligenzentwicklung förderlich zu sein scheint, trifft dies auf die Kreativität nicht zu. Die Bezugspersonen des Einzelkindes sind eben Erwachsene, die kreative Regungen bereits verlernt haben. Für das schlechte Abschneiden der dazwischen liegenden Kinder haben wir keine Erklärung. Wahrscheinlich interferieren verschiedene Einflußfaktoren.

IX. Faktorenanalytische Befunde

Wir errechneten die Korrelationen der 42 unten aufgeführten Variablen und führten anschließend eine Faktorenanalyse durch.

Für die principal factor analysis verwendeten wir die quadrierten multiplen Korrelationen als Schätzungen der Kommunalitäten.

Um zu entscheiden, wie viele Faktoren sinnvollerweise extrahiert und interpretiert werden können, errechneten wir die Eigenwerte. Nach dem »Scree-Test« von CATTELL (zitiert nach UEBERLA 1968) wäre die Extraktion dreier Faktoren angemessen gewesen. Hätte

man jedoch 90% der Gesamtvarianz aufklären wollen, hätte man mehr als zehn Faktoren extrahieren müssen. Allerdings wäre ab dem vierten Faktor weniger als 5% der Gesamtvarianz pro Faktor aufgeklärt worden.
Aufgrund der mangelnden Übereinstimmung dieser Kriterien führten wir drei Extraktionen und Rotationen durch, und zwar mit vier, fünf und sechs Faktoren. Die psychologische Analyse der Dimensionen fünf und sechs ließ uns trotz der geringen Beiträge zur Gesamtvarianz eine Interpretation und Darstellung derselben sinnvoll erscheinen.
Wir sind uns darüber im klaren, daß einige methodische Voraussetzungen für eine einwandfreie Durchführung einer Faktorenanalyse nicht voll als gegeben angenommen werden können. So ist die Errechnung des Produkt-Moment-Korrelations-Koeffizienten an die Normalverteilung der zugrundeliegenden Variablen gebunden. Dies wurde nicht in allen Fällen überprüft. Auch ist die Intervallgleichheit aller Skalen nicht gewährleistet. Wir wollten jedoch auf die sich ergebende Information nicht gänzlich verzichten. Nach HOFSTÄTTER (1966) führen geringfügige Abweichungen von der Normalverteilung zu fast gleichen Ergebnissen wie die an sich zu fordernden normalverteilungstransformierten Variablen. Allerdings werden wir die sich ergebenden Befunde mit großer Vorsicht interpretieren.
Vor allem wollen wir die sich ergebenden Dimensionen nicht als neu entdeckte reale Entitäten verstanden wissen, sondern als eine Möglichkeit, die große Zahl vorhandener Beziehungen auf einige Begriffe mit Anspruch auf empirische Gültigkeit zu reduzieren.
Die Dimensionen sollen nicht »realisierend« (HOFSTÄTTER, WENDT 1966) verstanden werden, sondern als kognitive Schemata für die Weiterarbeit des Psychologen.

Tabelle 23 In der Faktorenanalyse verarbeitete Variablen

Variable	Kurzbezeichnung
Soziodemographische Klassifikation des Elternhauses	(Status)
Anzahl der Geschwister	(N Geschwister)
Selbsteinschätzung hinsichtlich der Fähigkeiten als Schüler	(Selbstk. Schüler)
Soziogramm: Anzahl der positiven Erstwahlen	(Soz.: + Erstwahl)
Soziogramm: Summe der positiven Wahlen ohne Erstwahlen	(Soz.: + Wahlen – Erstw.)
Soziogramm: Anzahl der ablehnenden Urteile	(Soz.: – Wahlen)
Soziogramm: Anzahl der Stimmen für die besten Ideen	(Soz.: Beste Ideen)

Fortsetzung Seite 132

Tabelle 23 Fortsetzung

Tendenz zur Verleugnung	(Verleugnung)
Schulangstwerte	(Schulangst)
Fragebogen: Strenge, Gängelung, Druck in der Familie	(Strenge)
Fragebogen: Äußere familiäre Schwierigkeiten	(Äußere fam. Schwierigk.)
Fragebogen: Vertrauensstörungen im Familienbereich	(Vertrauensstörungen)
Fragebogen: Extraversionsverhalten	(Extraversion)
Lehrerrating: Intelligenz	(LR Intelligenz)
Lehrerrating: Bravheit	(LR Bravheit)
Lehrerrating: Ideenreichtum	(LR Ideenreichtum)
Schulnoten: Betragen	(Betragen)
Schulnoten: Mitarbeit	(Mitarbeit)
Schulnoten: Arithmetisches Mittel aller sprachlichen Noten	(AM sprachl. Noten)
Schulnoten: Heimatkunde	(Heimatkunde)
Schulnoten: Rechnen	(Rechnen)
Schulnoten: Bildhaftes Gestalten	(Zeichnen)
Schulnoten: Musik	(Musik)
Schulnoten: Leibesübungen	(Leibesübungen)
Intelligenzuntertest:	
»verbal factor«	(VF)
»reasoning«	(R)
»word fluency«	(WF)
»space«	(S)
»closure«	(C)
»perceptual speed«	(PS)
»number«	(N)
Kreativität, Produktivität:	
line meanings	(lm p)
pattern meanings	(pm p)
similarities	(s p)
uses	(u p)
things	(th p)
Kreativität, Originalität:	
line meanings	(lm o)
pattern meanings	(pm o)
similarities	(s o)
uses	(u o)
things	(th o)
Schulnote: Aufsatz	

In der Tab. 24 (S. 134/135) sind die Ladungszahlen und Kommunalitäten der einzelnen Variablen in den sechs von uns interpretierten varimaxrotierten Faktoren dargestellt.

Die Faktoren 5 und 6 erklären nur sehr wenig der Gesamtvarianz. Sie sind jedoch von psychologischem Interesse.
Die nun folgenden Interpretationsversuche der Dimensionen sind wie alle Namensgebungen für statistische Begriffsbildungen in einem gewissen Bereich modifizierbar.
Den Faktor 1 nennen wir *Schulleistungen in den Kognitionen der Lehrer*. Die höchsten Ladungszahlen weisen diejenigen Schulnoten auf, die nicht auf leicht beobachtbarem Leistungsverhalten basieren, sondern eher auf dem gezeigten Interesse und dem Wohlverhalten. Die Note in Heimatkunde lädt mit + 0.77 am höchsten. Es folgen die Noten für Mitarbeit, Zeichnen und Musik. Die nicht unmittelbar auf bestimmte Fächer bezogenen Urteilsakte der Lehrer, die wir den Ratingskalen entnehmen, laden merklich niedriger auf dieser Dimension. Sowohl die Untertests des LPS als auch die Kreativitätstests haben bemerkenswert wenig Beziehung zu diesem Faktor. Sie weisen Ladungen der gleichen Größenordnung wie der soziale Status auf.
Der Faktor 2 repräsentiert alle Variablen, in denen *schulische und familiäre Schwierigkeiten* zugegeben werden müssen. Die höchsten Ladungszahlen haben die Fragebogenskalen zur Situation in der Familie, die vorwiegend aus negativen Statements bestehen. Daß es sich nicht nur um die objektive Schilderung der tatsächlichen elterlichen Verhaltensweisen handelt, kann man aus der hohen negativen Ladung der Tendenz zur Verleugnung erschließen. Die Kreativitätstests weisen keine substantiellen Ladungen in diesem Faktor auf, wohl aber die verbalen Intelligenztests. Dieser Faktor repräsentiert einerseits die tatsächliche Familiensituation, andererseits den individuellen Konfliktlösungsstil der befragten Kinder. Die negative Wirkung sozialer Störungen im Familienbereich auf die Schulsituation tritt klar hervor. Die im Soziogramm häufig als Nebensitzer gewählten Schüler weisen negative Ladungen in diesem Störungsfaktor auf.
Der 3. Faktor ist ein eigentlicher *Kreativitätsfaktor*. Die höchsten Ladungszahlen weisen die Tests auf, die nicht sprachliches, sondern zeichnerisches Material zur Grundlage haben. Allerdings ist sowohl der Verbalfaktor des Intelligenztests als auch der Zahlenfaktor vertreten. Die schulischen Noten, die kreatives Verhalten erfassen sollen, wie Zeichnen, Musik und die Aufsatznote, laden nur sehr wenig in diesem Faktor. Die Strenge innerhalb der Familie wie auch die Ablehnung im Soziogramm laden negativ in dieser Dimension.
Der 4. Faktor erfaßt die von der *unmittelbaren Schulsituation unabhängigen konvergenten Denkfunktionen*. Die höchsten Ladungszahlen weisen die Ratingverfahren der Lehrer auf, gefolgt von den verbalen Untertests des LPS. Der Status geht mit + 0.36 recht ge-

Tabelle 24 Ladungszahlen und Kommunalitäten der Variablen in den sechs Faktoren

	Faktoren						Kommunalität
	1	2	3	4	5	6	
Status	.18	−.08	.05	.35	.16	.11	.21
N Geschwister	−.08	.29	.06	−.18	−.05	.00	.13
Selbstk. Schüler	.03	−.12	.12	.06	−.05	−.20	.08
Soz.: +Erstwahl	.26	−.05	−.01	.13	.05	.00	.09
Soz.: +Wahl−Erstwahl	.19	−.25	.00	.18	−.10	−.26	.21
Soz.: −Wahlen	−.04	.04	−.14	−.23	.33	.00	.19
Soz.: Beste Ideen	.23	−.17	.17	.42	.18	−.30	.42
Verleugnung	−.15	−.60	.01	−.10	−.09	−.20	.20
Schulangst	.03	.65	.03	−.08	.17	.20	.50
Strenge	−.02	.60	−.12	−.12	.06	−.30	.48
Äußere fam. Schwierigk.	−.04	.68	.00	−.11	−.24	−.02	.54
Vertrauensstörungen	.07	.63	−.05	−.13	−.01	−.05	.42
Extraversion	.03	.07	.00	.07	.06	−.34	.13
LR Intelligenz	.34	−.10	.11	.75	−.14	−.10	.74
LR Bravheit	.32	−.13	.10	.30	−.48	−.06	.46
LR Ideenreichtum	.39	−.06	.17	.71	−.09	−.10	.72
Betragen	.58	.05	.08	−.03	−.37	.00	.48
Mitarbeit	.75	−.04	.22	.19	−.07	−.04	.66
AM sprachliche Noten	.50	−.04	.12	.19	.05	−.10	.32
Heimatkunde	.77	.02	.19	.28	−.01	.00	.71

Rechnen	.69	.12	.19	.23	−.05	−.24	.65
Zeichnen	.74	.11	.17	.01	.03	−.08	.61
Musik	.72	.00	.03	.02	.05	.02	.53
Leibesübungen	.65	−.07	.03	−.21	−.08	−.10	.49
VF	.08	−.35	.26	.51	.10	−.21	.52
R	.16	−.01	.13	.47	−.10	−.11	.28
WF	.02	−.25	.06	.34	−.02	−.26	.26
S	−.07	−.06	.13	32	.01	−.10	.14
C	.05	−.21	.09	.43	−.11	−.29	.34
PS	.20	−.11	.10	.15	−.06	−.18	.12
N	.19	−.09	.20	.17	−.08	−.41	.29
lm p	.04	−.04	.76	.00	−.22	−.09	.64
pm p	.21	−.07	.76	.09	−.20	−.07	.70
s p	.27	.05	.52	.12	.08	−.31	.29
u p	.20	.02	.54	.03	.01	−.52	.61
th p	.15	−.09	.51	.24	.37	−.16	.52
lm o	.01	.01	.61	.10	−.06	−.06	.40
pm o	.14	−.04	.77	.16	−.04	.10	.66
s o	.15	−.02	.54	.20	.27	−.05	.43
u o	.15	.08	.48	.17	.21	−.32	.47
th o	.09	−.10	.47	.25	.50	−.04	.56
Aufsatz	.69	.10	.06	.35	−.01	−.01	.62
Anteil an totaler Varianz (%)	12,59	6,30	10,12	7,80	3,32	3,89	
Anteil an rotierter Varianz	28,40	14,28	23,03	17,85	7,56	8,86	

wichtig in diesem Faktor mit ein. Wenn wir von der Originalität der Verwendungsmöglichkeiten absehen, sind die Kreativitätstests kaum vertreten. Die erfragten und objektiven Befunde zur Familiensituation weisen substantielle negative Ladungen auf, wie wir das aus begabungssoziologischen Befunden kennen. Die unintelligenten Kinder scheinen im Fach Leibesübungen ein Gebiet zu haben, in dem sie wenigstens die Möglichkeit zur Kompensierung ihrer sonstigen Schwächen haben.

Den 5. Faktor nennen wir *Originalität verhindernde schulische Konformität.* Die höchsten Ladungszahlen weisen die Tests auf, die Originalität erfassen. Vor allem die Nennung von originellen Dingen, die bestimmten Qualitäten wie rund, laut etc. genügen müssen, scheint auf einer Eigenschaft zu beruhen, die in diesem Faktor enthalten ist. Die Maße, die das Wohlverhalten in der Schule erfassen sollen, wie die Betragensnote und die Ratings zur Bravheit, laden substantiell negativ. Es sind die eher sprachlich orientierten Kreativitätstests, die hier vertreten sind. Die statushöheren Kinder sind überrepräsentiert. Es scheinen also die Kinder aus besserem sozialem Milieu zu sein, die durch ihre originellen sprachlichen Einfälle dem Lehrer als verhaltensschwierig, jedoch nicht unmittelbar als »schlechte Schüler« erscheinen. Die äußeren familiären Schwierigkeiten, die wir vor allem bei Unterschichtkindern vermuten dürfen, weisen dementsprechend negative Ladungszahlen auf, im Gegensatz zu den Vertrauensstörungen, die wir in allen sozialen Schichten finden. Anscheinend handelt es sich hier vor allem um die Kinder, von denen in der Literatur behauptet wird, sie hätten aufgrund ihrer Kreativität unter der Schule zu leiden. Wir wollen aber festhalten, daß die meisten Kinder wegen anderer Schwierigkeiten unter ihrem Schülerdasein leiden.

Den Faktor 6 nennen wir *produktive Leistungen verhindernde Schulangst.* Die einzig substantiellen Ladungen weisen die Variablen Schulangst und sozioökonomische Position auf. Die höchste negative Ladungszahl hat der Test »uses Produktivität«. Da auch der Zahlenfaktor des LPS, in dem fortlaufende Additionen verlangt werden, stark negativ vertreten ist, nehmen wir an, daß es sich um eine Störung der Konzentration durch hohe Mißerfolgsangst handelt. Allerdings werden auch alle anderen Schulleistungen negativ beeinflußt. Das Selbstkonzept ist negativ. Es scheinen Kinder aus besser gestellten Familien zu sein, die keinen physischen Druck ausüben, aber sehr schulorientierte Werte vermitteln, so daß das Versagen auf diesem Gebiet besonders angstauslösend ist.

Für die Kreativitätsdiskussion bedeutsam sind folgende Ergebnisse der Faktorenanalyse.

1. Ein eigenständiger Kreativitätsfaktor läßt sich klar identifizieren. Die Untertests des LPS weisen allerdings auch auf ihm substantielle Ladungen auf. Sie sind nicht sehr hoch, was auch für die Schulnoten gilt.
2. Gerade die Fächer, die kreative Aktivitäten fördern sollen, sind auf diesem Faktor nicht repräsentiert. Dies erklären wir dadurch, daß die musischen Fächer besonders dazu mißbraucht werden, um Wohlverhalten zu belohnen, weil es keine Richtlinien gibt und geben kann, nach welchen Kriterien die Aktivitäten des Kindes beurteilt und gemessen werden sollen. Man müßte in einer weiteren Untersuchung genau abklären, ob es tatsächlich zutrifft, daß mittels der Schulnoten für musische Fächer die Konformität, die kreativem Verhalten abträglich ist, belohnt wird. Wir sehen in der Tatsache, daß es gerade diese Fächer sind, die im ersten Faktor am stärksten laden, eine gewisse Bestätigung dafür.
3. Kreativität ist keine eigenständige kognitive Funktion. Die Verbindung zu motivationalen Faktoren ist noch weit enger als bei der Testintelligenz. Konformität ist für sprachliche Originalität hinderlich. Die Produktionen, die von nichtsprachlichem Material ausgehen, werden dadurch nicht tangiert.
4. Die volle Unabhängigkeit von den konvergenten Denkfunktionen kann nicht bestätigt werden. Sicher haben die Durchführung in der Gruppensituation und die unterschiedlichen pädagogischen Strategien der Lehrer dazu beigetragen, daß die Kinder die Kreativitätstests teilweise als Intelligenztests perzipieren und somit ein nicht adäquates Lernset anwenden. Für viele Schüler ist dieses Set von »falsch« und »richtig« ein auf nichtschulische Situationen generalisiertes Verhalten.
5. Einige unserer zentralen Hypothesen, wie z. B. über den Zusammenhang von Unabhängigkeit und Kreativität, konnten durch die Faktorenanalyse bestätigt werden. Allerdings erklären diese Faktoren nur sehr wenig der Gesamtvarianz. Diese Prozesse werden anscheinend durch gewichtigere Einflußgrößen überlagert.

Zusammenfassung

Gegenwärtige Forschungsansätze zentrieren sich auf die Untersuchung des kreativen Produkts, Prozesses und des kreativen Menschen.
Wir vertreten die Ansicht, daß die Untersuchung des kreativen Produkts hierarchisch an höchster Stelle liegt und letztlich keine Frage der Psychologie darstellt, weil es hier um gesellschaftliche Definitionsprobleme, was schön und wertvoll ist, geht. Hat man auf diesem Niveau einen Konsensus erreicht, kann man mit der Erforschung der anderen Ebenen ansetzen.
Die meisten Psychologen arbeiten gegenwärtig mit einem Testkonzept, das sehr stark an die Intelligenzmessung angelehnt ist. Kreativität wird als eine Eigenschaft betrachtet, die man im Test direkt erfassen kann und die jeder mehr oder weniger hat.
Diese Art der Operationalisierung hat nicht zu der erhofften Vereinheitlichung des Konstruktes geführt, da sie unseres Erachtens auf einem diagnostischen Fehlschluß basiert. Das Testverhalten wird als Stichprobe des gleichen Draußenverhaltens gesehen. Der Nachweis der Gültigkeit beruht dann letzten Endes darauf, daß man die Repräsentativität des im Test ausgelesenen Verhaltens zum gleichen Alltagsverhalten feststellt. Für dieses Vorgehen genügt vielen Autoren die hohe Augenscheingültigkeit.
Demgegenüber müssen wir festhalten, daß Kreativitätstests nie »Kreativität« per se messen, sondern allenfalls notwendige, aber nicht hinreichende Bedingungen für das Manifestwerden kreativer Prozesse. Aus diesem Grunde sehen wir die einzige Möglichkeit, die Kreativitätsdiskussion weiter voranzutreiben, in einer Konstruktvalidierung. Wir diskutierten im Anschluß daran bestimmte Kriterien und zeigten die jeweils typischen Schwierigkeiten von hochspezifischen, psychometrisch leicht erfaßbaren und sehr allgemeinen, jedoch höchst bedeutsam erscheinenden Kriterien.
Haben die spezifischen, mehr oder weniger eindimensionalen Kriterien ihre Hauptprobleme im Gebiet der inneren Relevanz, so ist es bei den umfassenden Operationalisierungen, wie »Selbstaktualisierung«, die Umsetzung in experimentelle und beobachtbare Handlungsanweisungen, die nur schwer möglich ist. Ein Rekurs auf die Intuition – wie er von manchen Forschern vorgeschlagen wird – ist genau so wenig tragfähig, da auch ideographisches Vorgehen vor der radikalen Neuheit des kreativen Produktes versagt.
Die Verwendung von »Neuheit« als Kriterium für Kreativität ist mit vielfältigen Schwierigkeiten verbunden. Unabhängig von dem Problem, für wen etwas neu sein soll, muß Neuigkeit immer mit irgendeinem Sinnkriterium gepaart sein.

Je nach der Art der Kriterien, die man als notwendig für eine solche Benennung ansieht, werden Forschungsansätze möglich oder unmöglich. MACKINNONS fünf Kriterien machen eigentlich viele psychologische Forschungsansätze unmöglich, verlangt er doch unter anderem, daß das kreative Produkt neue Existenzmöglichkeiten für die Menschheit hervorbringen soll.
Wir verwendeten die RORSCHACH-Befunde zur Originalität, um nachzuweisen, daß die eigentlich originellen Lösungen in einem Spannungsverhältnis von Loslösung von der realen Vorlage und dem versteckten Verhaftetbleiben mit ihr liegen.
Wir mußten bei einer Analyse einer Forschungsarbeit von EWERT, die wir exemplarisch für andere durchführten, feststellen, daß auf dieses Spannungsverhältnis sehr selten eingegangen wird. Meistens wird die Loslösung von der Vorlage als notwendige und hinreichende Bedingung für Kreativität angesehen.
Bei der Diskussion des Wertes des kreativen Produktes stellten wir fest, daß die sehr hohen Forderungen, wie z. B. Schaffung neuer Existenzmöglichkeiten für die Menschheit, zu einem Forschungsvorgehen führen, das für pädagogische Intentionen wenig Möglichkeiten bietet. Psychologisches Handeln endet meistens bei der Identifikation der Genies. Wie man Kreativität fördern kann, ist aus einer solchen Forschungsstrategie nicht ableitbar.
Ausgehend von der Erkenntnis all dieser Schwierigkeiten, haben wir uns zu einem bescheidenen Vorgehen entschlossen, indem wir eine spezifische psychologische Dimension, von der wir aufgrund theoretischer Vorannahmen erwarten, daß sie als wesentliche Determinante in schöpferisches Verhalten eingeht, erfassen und im Sinne einer Konstruktvalidierung in ein nomologisches Netzwerk einordnen wollen. Wir wissen, daß wir so keine endgültige Lösung des Kreativitätsproblems finden, hoffen aber auf eine sukzessive Auffüllung des Konstruktes durch empirische Daten.
Wir beschränkten uns in unserer Betrachtung auf die tiefenpsychologischen und assoziationstheoretischen Ansätze. Für die tiefenpsychologischen Schulen konstatieren wir eine aus der Methodik stammende Verwandtschaft zu anderen Wissenschaften, die sich explizit mit Kunst auseinandersetzen. Die Gemeinsamkeit liegt in der Notwendigkeit sowohl der Psychoanalyse als auch der Kunstwissenschaften, Deutungsregeln aufzustellen. Wenn wir jedoch von dieser sehr umfassenden Gemeinsamkeit absehen, stellen wir fest, daß einzelne tiefenpsychologische Schulen zu bestimmten Kunstgattungen gewisse Affinitäten aufweisen.
Die komplexe Psychologie JUNGS beschränkt sich eher auf die Untersuchung von Volksliteratur und Märchen. Wir sehen darin eine spezifische Schwierigkeit der Theorie der Archetypen, die den Produzenten künstlerisch wertvoller Dinge in seiner Bedeutung redu-

ziert, sind es doch quasi vererbte Sachverhalte, die aus dem kollektiven Unbewußten aufsteigen und ihren Niederschlag im Werk finden. Wenn dies zutreffend wäre, würde man die Kreativitätsdiskussion allerdings besser an die Vererbungsforscher weitergeben.

Wenngleich die Psychoanalytiker bis heute kaum Aussagen über »die Kreativität« machten, scheint uns eine Würdigung der Beiträge FREUDS zu diesem Problemfeld notwendig, nicht zuletzt deshalb, weil die meisten empirisch arbeitenden Psychologen, gerade wenn es um schöpferische Prozesse geht, mehr oder weniger offen Anleihen bei FREUD machen. Nach psychoanalytischer Auffassung ist die Grundlage des künstlerischen Prozesses der in jeder Gesellschaft notwendige Triebverzicht. Der künstlerische Prozeß soll hohe Verwandtschaft mit dem Vorgang der Symptombildung bei den Neurosen aufweisen. Der wesentliche Unterschied ist die verfehlte soziale Kontaktaufnahme beim letzteren. In individualpsychologischer Sicht nimmt der künstlerische Prozeß eine Mittelstellung zwischen infantiler Regression und aktiver Umweltänderung ein. Allerdings bleibt das Problem, wann infantile Regression und wann das »Zwischenreich der Kunst« möglich ist, offen, weil FREUD auf die »noch immer rätselhafte künstlerische Begabung« ausweicht.

Die Verbindung von künstlerischer Betätigung mit psychopathologischen Erscheinungen ist beliebt. Sie tritt auch heute noch auf.

Die tatsächlichen empirischen Untersuchungen haben jedoch ergeben, daß die beobachtbare erhöhte Störungsanfälligkeit durch besonders starke Ichstrukturen wettgemacht wird. Ein gewisser Teil der Störungen ist eher einem Meßfehler zuzuschreiben, indem die Bereitschaft, negative Sachverhalte zu verleugnen resp. sie abzuwehren, als psychische Gesundheit figuriert. Auch die Verwendung von Kontroll- und Lügenskalen in den Fragebögen kann darüber nicht weghelfen.

Die aus den living assessments stammende Charakterisierung von Hochkreativen läßt vermuten, daß zwischen Kreativität und den sozialpsychologischen Konzepten des antiautoritären Charakters sehr enge Verwandtschaft besteht. Dies wird durch die empirischen Untersuchungen CRUTCHFIELDS bestätigt. Dabei ist allerdings zu beachten, daß Nichtkonformität im besten Fall notwendige, keineswegs aber hinreichende Bedingung für künstlerische Aktivität ist. Dies gilt vor allem deshalb, weil beobachtbare Nichtkonformität auf einer neurotischen, negativistischen Grundhaltung basieren kann und so die problemnahen Sichtweiten, die für Kreativität unerläßlich sind, verhindert werden.

Da FREUD keine Aussagen zur Begabungstheorie machen konnte – die notwendigen Grundlagen fehlten zu dieser Zeit noch weitgehend –, ist die psychoanalytische Theorie eher geeignet, Hypothe-

sen über den schöpferischen Prozeß zu entwickeln. Dies gilt vor allem deshalb, weil zwischen Traumarbeit und künstlerischer Betätigung weitgehende Parallelität bestehen soll.
Die Art, wie und bis zu welchem Ausmaß bestimmte unbewußte Phantasien reaktiviert werden, hängt von der Dynamik und der Größe des Systems »Vorbewußt« ab. Da dieses System sprachlich konzipiert ist, liegt es nahe, die Weite eines assoziativen Feldes um einen vorgegebenen Stimulus als Operationalisierung für die überhaupt mögliche Breite innerer Wahrnehmungen zu verwenden. Die Einschränkung erfolgt dadurch, daß beim Assoziieren die Annäherung an die unbewußten Phantasien früher oder später das Angstsignal notwendig macht. Dieses früher oder später betrachten wir als individualspezifische Variable, die davon abhängt, wie viele Situationen als angstauslösend erlernt wurden.
Je angstauslösender ein Erziehungsstil ist, desto notwendiger werden Abwehrprozesse zur Niederhaltung der durch die aktuelle Umgebung evozierten reaktivierten Angstsignale. Je mehr Abwehrprozesse notwendig sind, um einen Status minimalen Wohlbefindens aufrechtzuerhalten, desto unmöglicher wird jede kreative Aktivität. Auf die Frage, warum denn gerade die Assoziationen, also sprachliches Material verwendet wird, um die Weite und Flexibilität kognitiver Bereiche zu erfassen, können wir antworten, daß es sonst kein Material gibt, das allen Bevölkerungsschichten hinreichend vertraut ist.
Wir betrachten also die Assoziationen als Stichprobe aller kognitiven Elemente, wobei wir allerdings die Meinung Kubies, daß zwischen dem schöpferischen Prozeß in Kunst und Wissenschaft und dem Vorgang des freien Assoziierens eine Analogie besteht, die fast Identität bedeutet, nicht teilen. Wie Hartmann zeigen konnte, gibt es auch eher motorisch fundierte »Begriffsbildungen«, die nicht auf sprachliche Konzepte reduziert werden können. Allerdings wissen wir aus der Neurosenforschung, daß schwere Hemmungen alle Bereiche des Verhaltens tangieren können.
Den Remote Association Test (RAT) von Mednick konnten wir jedoch zur Überprüfung unserer Überlegungen nicht verwenden, da er vor allem vermittelte Assoziationen mißt und pro Item nur eine richtige Lösung kennt. Wallach und Kogan orientierten sich eher an der psychoanalytischen Technik des fortlaufenden Assoziierens und schufen auch einen Testkontext, der der Aufgabe entspricht:
Durchführung im Einzelversuch
Vertrautheit des Versuchsleiters mit der Versuchsperson
Vermeidung von Leistungsdruck
Spielerische Art der Durchführung
Das Hauptargument für eine Verknüpfung assoziationspsychologi-

scher Hypothesen mit psychoanalytischen liegt in der Beschränkung beider Theorien. Während die Assoziationstheoretiker kaum Aussagen über die Entstehungsgeschichte der unterschiedlichen assoziativen Speicher machen und sich vor allem damit begnügen, festzustellen, daß Kreative mehr ungewöhnliche Ideen haben, begnügen sich die Psychoanalytiker mit Aussagen zur Dynamik der Reproduktion von Gespeichertem, ohne zu berücksichtigen, ob denn das Ausbleiben von Ideen Folge von Abwehrprozessen ist oder Folge des tatsächlichen Fehlens von kognitiven Elementen.
Aus diesen Überlegungen leiteten wir folgende Hypothesen ab:

1. In den unteren Bereichen der Intelligenz existiert eine enge Beziehung zwischen Testintelligenz und Kreativität. Die dynamischen Faktoren der Reproduktion kommen erst ab einem gewissen Mindestreservoir an kognitiven Elementen zur Geltung. Es wird also einen Schwellenwert der Testintelligenz geben, ab dem der Beitrag des kreativen Verhaltensstils zu den Denkleistungen überhaupt steigt.

2. Erziehungs- und Lehrstile, die angstauslösend sind, verhindern die Entstehung kreativer Denkstile auf zweierlei Arten:
a) Die vorsprachlichen Ordnungsrelationen (Triebzustand als Invariante der Situation) werden verdrängt.
b) Die zahllosen, für die Aufrechterhaltung des psychischen Wohlbefindens notwendigen Abwehrmechanismen beschränken die verfügbare Besetzungsenergie. Neben der inhaltlichen Einschränkung der überhaupt zugänglichen Erlebnisfelder ist eine Verringerung der Intensität des Erlebens in den zugänglichen Gebieten zu erwarten.

3. Konformität des Denkens und des Verhaltens ist über das gemeinsame Zwischenglied, Anzahl der angstauslösenden Situationen, verbunden. Im Sinne des Vermeidungslernens werden sowohl Gedanken (aufgefaßt als cue producing response) als auch nach außen in Erscheinung tretendes Handeln (overt behavior), die angstauslösend sind, vermieden. Je mehr Situationen dieses Charakteristikum für ein Individuum aufweisen, desto enger wird das zugängliche Erlebnis- und Denkfeld. Damit fehlen die Voraussetzungen für kreatives Handeln.

4. Aufgrund der Bestrafung nichtkonformer Handlungen des Kindes verbleiben nur mehr die gesellschaftlich tolerierten Verhaltens- und Denkstile angstfrei.

5. Die Schule fördert aus verschiedenen Gründen konformes Verhalten und bestraft nichtkonformes. Die Belohnungs- und Bestrafungsbedingungen sind dazu geeignet, unabhängig von der Erziehungssituation im Elternhaus kreatives Verhalten zu eliminieren.

Im *empirischen Teil* unserer Arbeit führten wir an 202 Kindern der vierten Grundschulklasse die Tests von WALLACH und KOGAN durch. Obwohl wir die von den Autoren geforderte Einzeldurch-

führung nicht realisieren konnten, kovariierten die Tests hoch miteinander und waren von den Intelligenzaufgaben, die wir ebenfalls durchführten, hinreichend verschieden. Entgegen der Auswertung der Originaluntersuchung werteten wir auch Antworten, die nur zweimal in der Gesamtstichprobe aller Ideen auftraten, als originell. Damit erreichten wir, daß dieses Maß an Trennschärfe gewann. Einmalige Lösungen waren zu selten.
Die Produktivität wurde wie in der amerikanischen Untersuchung dadurch erfaßt, daß alle überhaupt geäußerten Ideen gezählt wurden. Es zeigte sich, daß sich die einzelnen Klassen in dieser Dimension signifikant unterschieden. Wir brachten dies in Zusammenhang mit den pädagogischen Strategien der Lehrer. Die stark angstauslösende Schulsituation bei den sehr strengen Lehrern wird von den Kindern durch die Etablierung von Abwehrmechanismen beantwortet. Dies hat zur Folge, daß die Angst, etwas Falsches zu sagen, eventuell auch zu denken, die Schüler dazu bringt, den Test wie einen Intelligenztest zu perzipieren. Sie sind froh, wenn ihnen wenigstens etwas »Richtiges« eingefallen ist.
Die Untertests des LPS korrelierten alle substantiell mit den Kreativitätswerten. Wie erwartet, ist es besonders der »verbal factor«, der für die Gemeinsamkeit verantwortlich ist. Für die Produktivität ist vor allem ein Konzentrations- und Aufmerksamkeitsfaktor notwendig, der auch im Zahlenrechnen des Intelligenztests vertreten ist. Sieht man von diesen beiden Untertests ab, ist die Beziehung der konvergenten Denkfunktionen, wie sie im LPS gemessen werden sollen, zu den Kreativitätstests geringer als die Beziehung der Kreativitätstests untereinander.
Um unsere Schwellenhypothese zu überprüfen, errechneten wir für jedes Intelligenzquartil die Beziehung zu den Kreativitätswerten. Es ergibt sich, daß die Werte nur mehr gering von Null verschieden sind. Die erwartete Schwelle im oberen Bereich, unterhalb der die Korrelationen höher sein sollten, konnte nicht bestätigt werden. Allerdings sind die Korrelationen innerhalb des zweiten Quartils am höchsten. Für das Maß Originalität läßt sich eine solche Beziehung noch am ehesten aufrechterhalten, da im ersten und zweiten Quartil niedrige positive Korrelationen auftreten, wohingegen sie im dritten Quartil verschwinden. Der in der Literatur angegebene Trennwert bei einem IQ von 120 erfährt durch unsere Untersuchung keine Unterstützung. Zwischen den Schulleistungen und der Kreativität bestehen Beziehungen in der gleichen Größenordnung wie zwischen IQ und Schulnoten. Allerdings verbleibt auch bei Ausschaltung des Einflusses der Testintelligenz eine substantielle Beziehung zwischen Kreativität und Schulleistung erhalten, so daß durch die Verwendung dieser Tests die Prognosegenauigkeit ansteigen wird.

Die Lehrer können auch mit dem von uns verwendeten Begriff Ideenreichtum nichts anfangen. Die Beurteilung der Schüler hinsichtlich dieser Eigenschaft unterscheidet sich kaum von der Intelligenzbeurteilung. Allerdings kovariiert die geschätzte Bravheit mit der Testintelligenz etwas höher als mit der Kreativität. Wir müssen jedoch festhalten, daß die in vielen Arbeiten angegebene negative Beziehung von Kreativität und Bravheit in unserer Untersuchung nicht aufgetreten ist. Kreativität und Bravheit korrelieren zu + 0.23. Wir wollen allerdings zu bedenken geben, daß wir auf unserer Ratingskala den Begriff »sehr schwieriger Schüler« verwendet haben. Diese Schwierigkeit kann sich sowohl auf Verhaltensschwierigkeiten als auch auf Lernschwierigkeiten beziehen. Wie die Faktorenanalyse gezeigt hat, gibt es anscheinend sehr wohl eine gegenläufige Tendenz von Anpassung an die Schulsituation und Kreativität, allerdings kommt sie erst in den höheren Intelligenzbereichen zum Tragen.

Eine Analyse des für die Kreativitätstests notwendigen Denkstiles führte uns zu der Schlußfolgerung, daß der in der Schule favorisierte und in weiten Bereichen notwendig abstrahierende Kategorisierungsstil für kreative Leistungen nicht günstig ist. Die abstrakten Begriffe, die in den konventionellen Intelligenztests hoch bewertet werden, sind aufgrund ihrer Funktion in der Sprache selten. Unter sie werden viele konkrete Sachverhalte subsumiert. Wer Assoziationen liefern will, die andere nicht haben, muß notwendigerweise die konkreten Begriffe verwenden. Hier ist die Chance, daß sie einem anderen auch einfallen, viel geringer. Die Richtigkeit dieser Überlegung konnten wir an einem Item des Tests »Gemeinsamkeiten finden« bestätigen. Es zeigt sich nun, daß aufgrund der bisherigen Erfolgsträchtigkeit des disziplinierten abstrakten Denkstils in der Schulsituation die Schulangepaßten weniger in der Lage sind, »absurde, konkrete« Ideen zuzulassen. Dies ist nicht Folge der Intelligenz, sondern beruht auf den schulinternen reinforcement-Bedingungen, die so konzipiert sind, daß kreative Ideen eben häufig auch falsche Ideen sind.

Zwischen dem Beruf des Vaters und der Kreativität bestanden keine Beziehungen. Die Überlegungen von LÜTHKENS über die mittelständische Orientierung der Schule finden ihre Bestätigung in der auftretenden Beziehung von Betragensnote und Status einerseits und Intelligenz- und Schulleistungsbeurteilung andererseits. Die Unterschiede der Notengebung sind allerdings nicht nur Folge des vorurteilshaften Urteilsverhaltens der Lehrer, sondern basieren auch auf objektiven Leistungsunterschieden in den konventionellen Intelligenztests. Um so bedeutsamer ist das Fehlen einer Beziehung von Status und Kreativität in dieser Stichprobe.

Die Lehrer orientieren sich in sehr unterschiedlichem Maße an der sozialen Herkunft der Kinder in der Vermittlung der »cues« für das Schülerselbstkonzept. Entgegen unseren Erwartungen ergab sich in der Gesamtstichprobe keine Beziehung zwischen Schulangst und Kreativität einerseits und Abwehrtendenz und Kreativität andererseits.
Wir können allerdings nicht ausschließen, daß es sich hier um ein statistisches Artefakt handelt, da die Varianz zwischen den Klassen hier größer zu sein scheint als die Varianz innerhalb. Die Klassen unterscheiden sich signifikant im Zutagetreten der Schulangst und in der Art der Konfliktbewältigungsmechanismen. Kreative Klassen weisen höhere Angtscores auf und geringere Abwehrtendenzen. Dementsprechend sind die klasseninternen Korrelationen zwischen Abwehrtendenz und Schulangst auch verschieden. Dies gilt vor allem für die Beziehung Originalität/Schulangst. Für entscheidend hielten wir die noch zu überprüfende Hypothese, nach der der normalerweise vom Lehrer praktizierte Unterrichtsstil, auch bei Abwesenheit desselben, bestimmt, wie der Test perzipiert wird. Wird er als Intelligenztest verstanden, kommt die hemmende Funktion der Schulangst stärker zum Tragen als bei echter spielerischer Lösung, bei der die Abwehrtendenzen negativ wirken.
Die geringere Abwehrtendenz von Kreativen findet eine Bestätigung in der Auswertung des Fragebogens zum Elternhaus. Es zeigte sich, daß diese Kinder ihr Elternhaus vor allem in seinen psychologischen Qualifikationen negativer sehen. Es ist unwahrscheinlich, daß sich die Eltern tatsächlich negativer verhalten, da die Fragen, die auf direkte Verhaltensdaten abzielten, keine Unterschiede zwischen Kreativen und Nichtkreativen aufwiesen. Es handelt sich um die Fähigkeit, negative Ansichten überhaupt zulassen zu können.
Die Analyse der Geschwisterkonstellation zeigte, daß die Einzelkinder im Intelligenztest am besten abschnitten, wohingegen die jüngsten von mehreren Geschwistern in den Kreativitätstests die besten Ergebnisse erzielten. Wir brachten dies vorläufig damit in Zusammenhang, daß die ängstlich-behütete Erziehung mit steigender Kinderzahl abnimmt. Zusätzlich ist das Rollenangebot, das den jüngsten Kindern zur Verfügung steht, größer und nicht im selben Maße erwachsenenzentriert. Während also die Einzelkindsituation für die konvergenten Intelligenzdimensionen förderlich zu sein scheint, ist dies für die Förderung der Kreativität unzutreffend. Hier sind es vor allem die jüngsten Kinder in einer Geschwisterreihe, die besonders gut abschneiden.
In einer Faktorenanalyse mit den wesentlichen Variablen unserer Untersuchung konnten wir sechs Faktoren identifizieren, die allerdings zusammen noch nicht einmal 50% der Gesamtvarianz aufklären.

Den ersten und bedeutsamsten Faktor nannten wir »Schulleistungen in den Kognitionen der Lehrer«. Die Kreativitätstests laden nur gering auf dieser Dimension.
Der zweite Faktor repräsentiert die »nichtabgewehrten, zugegebenen schulischen und familiären Schwierigkeiten«. Daß die Kreativitätstests hier nicht vertreten sind, liegt an der bereits genauer referierten Schwierigkeit, daß die Angst- und Abwehrwerte in den Klassen außerordentlich stark auseinanderfallen.
Der dritte Faktor ist ein »Kreativitätsfaktor«. Die Schulnoten, die die kreative Befähigung messen sollen, laden in diesem Faktor außerordentlich gering.
Faktor 4 erfaßt die von der unmittelbaren Schulsituation eher unabhängigen konvergenten Denkfunktionen. Wiederum sind die Kreativitätstests kaum vertreten.
Den Faktor 5 nannten wir »Originalität verhindernde schulische Konformität«. Es ist vor allem die sprachliche Originalität von Kindern aus besserem Milieu, die in einer Gegensatzbeziehung zur schulischen Konformität und zum Wohlverhalten zu stehen scheint. Da dieser Sachverhalt nicht für alle Kinder gilt, konnte er in der Betrachtung der Korrelationsdaten ohne Faktorenextraktion nicht entdeckt werden.
Der Faktor 6 repräsentiert die Schulangst, die produktive Leistungen verhindert.
Einige unserer zentralen psychoanalytischen Überlegungen über die Zusammenhänge konnten wir nicht direkt bestätigen. Dies liegt vor allem daran, daß wir nicht in der Lage sind, psychoanalytische Konstrukte durch Fragebogenscores direkt zu operationalisieren. Wenn man allerdings die Summenscores aufgibt und die einzelnen Fragen selbst hinsichtlich der Trennschärfe zwischen Kreativen und weniger Kreativen analysiert, ergibt sich die Richtigkeit unserer Annahme. Bei gleichem familiären Verhalten sind es vor allem die Kreativen, die die tatsächlich vorhandenen negativen Komponenten sehen und verbalisieren können.

Anmerkungen

1 Von hohem Interesse für die Klassifikation von Forschungsstrategien ist die Auseinandersetzung zwischen HOLZKAMP und ALBERT in der Zeitschrift für Sozialpsychologie 1970 und 1971. Siehe dazu HOLZKAMP 1970.

2 Ein schlagendes Beispiel für diesen Sachverhalt liefert die Untersuchung »Communication, Creativity and Problemsolving Ability of Middle- and Working-class Families in Three Societies« von MURRAY A. STRAUS.

3 Zur Veranschaulichung der Vielfalt der Schulungsprogramme möge der Sammelband »Kreativität und Schule« von MÜHLE u. SCHELL (1970) dienen. Besonders informativ ist die Gegenüberstellung der Vorstellungen von DAVIS und CRUTCHFIELD.

4 »Ein dritter wichtiger Grund für die wachsende Nachfrage nach individuellem Unterricht (im kreativen Denken, von mir hinzugefügt) ist sozialer Art. Er hängt mit der sich im Wandel befindlichen Natur der zukünftigen menschlichen Welt zusammen. Die Erziehungsziele von heute müssen die Bedürfnisse und Aufgaben von morgen widerspiegeln. Ich bin überzeugt, daß das Wesen der menschlichen Zukunft derart ist, daß heute immer stärkerer Nachdruck auf individualisierten Unterricht gelegt werden muß. Der Gedanke ist ernüchternd, daß die Kinder, die wir heute in der Grundschule unterrichten, im Jahre 2000 erst 40 Jahre alt sein werden. Wie die Welt dann aussehen wird, können wir nicht klar voraussehen, aber wir können sicher sein, daß sie durchaus von unserer gegenwärtigen Welt verschieden sein wird. Wir können nicht einmal vernünftige Zukunftsbilder auf Grund der Erfahrung aus der Vergangenheit entwerfen, weil sich der Wandel schneller als je zuvor vollzieht. Mit Sicherheit können wir lange vor dem Jahr 2000 weitreichende Durchbrüche technologischer Art erwarten. Automation, Hochgeschwindigkeitscomputer und andere technologische Fortschritte werden einen großen Teil der heutigen Routinearbeit und sogar Routinefertigkeiten und Intelligenz überflüssig machen. Genetische Eingriffe können es uns bis dahin ermöglichen, die biologische Ausstattung des Menschen bewußt umzugestalten. Physische Unsterblichkeit mag unmittelbar vor der Tür stehen. Bis dahin werden viele bzw. die meisten entscheidenden gesellschaftlichen Probleme, denen wir heute noch gegenüberstehen, praktisch gelöst sein – etwa Armut, Vorurteile und Übervölkerung. Die Informationsexplosion wird das Gesamtwissen der Menschheit um ein Mehrfaches vergrößern und viele heutige Tatsachen und Vorstellungen veralten lassen.« (zitiert nach MÜHLE u. SCHELL 1970)
Es ist dies die Hoffnung eines Sozialpsychologen, der mit den Schwierigkeiten dieser Gesellschaft durchaus vertraut ist (siehe KRECH u. CRUTCHFIELD 1962).

5 Die englischen Normen sind gegenüber den deutschen und französischen dadurch gekennzeichnet, daß sie hohe Häufigkeiten bei den Primärantworten aufweisen, was darauf schließen läßt, daß bei den Mitgliedern der Normgruppe eine starke Tendenz besteht, in derselben Weise auf die Reizwörter zu reagieren. »84% der 1008 Vpn der amerikanischen Vergleichsgruppe reagierten auf das Reizwort Table (Tisch) mit dem Wort Chair (Stuhl). Daß diese höchste Frequenz nicht als atypischer Extremwert aufzu-

fassen ist, wird durch die Tatsache bewiesen, daß 24% aller amerikanischen Assoziationen häufiger auftraten als die häufigste deutsche Assoziation. Der Zentralwert der Häufigkeit der Primärantworten im Amerikanischen liegt im Intervall 32–33%, ist also praktisch zweimal so groß wie der entsprechende Wert für das deutsche Material. Diese Differenz ist statistisch hochsignifikant.«

Beispiele

	% Deutsch	% Franz.	% Engl.
1. Tisch, table, table	29 Stuhl	53 chaise	84 chair
2. dunkel, sombre, dark	44 hell	45 clair	83 light
3. Musik, musique, music	9 Ton, Töne	16 note, s	18 song

(Russell u. Meseck 1959)

6 100 Worte der ursprünglichen Kent-Rosanoff-Assoziationstabellen wurden in den Vierzigerjahren erneut einer amerikanischen Stichprobe vorgelegt (Russell u. Jenkins 1954).

7 Die Untersuchung erfolgte durch die Methode der living assessments. Die ehemaligen Absolventen der Schule, die sich durch besondere Kreativität ausgezeichnet hatten, wurden zur Untersuchung eingeladen. Es handelte sich um die Schuleintrittsjahrgänge von 1929–1954. Unter den Untersuchten befand sich auch Mary McCarthy.

8 Learys Vorstellungen von der Kreativität haben sich von denen anderer Forscher weit entfernt. In den letzten Jahren beschränkte sich seine Aktivität auch in stärkerem Maße auf die Verfertigung programmatischer Schriften für die Freigabe von bestimmten Drogen (Leary 1970). Mittlerweile ist Leary in einem Schweizer Gefängnis. Über ein Auslieferungsbegehren der USA wird demnächst entschieden werden. Leary hat ein Asylgesuch an die Schweizer Behörden gerichtet (Flugblatt: Rettet Timothy Leary).

9 Leary, T.: In: Taylor, C. W. (Hrsg.): Widening horizons in creativity. New York 1964

10 Damit vertreten wir natürlich nicht die Ansicht, daß es keine transkulturelle Psychologie gebe. Es geht uns hier um die gesellschaftlichen Hintergründe für die Bevorzugung bestimmter Wissensformen über »Psychisches«. (Siehe dazu Hofstätter: Die beiden Wissensbegriffe in der Psychologie. 1954)

11 McClelland führte eine vergleichende Untersuchung über die Werte, Einstellungen und Tätigkeiten amerikanischer und deutscher Gymnasiasten durch (McClelland 1961).

12 Lowenfeld, V.: Vom Wesen schöpferischen Gestaltens. Frankfurt a. M. 1960

13 Lowenfeld (1960) ist allerdings der Meinung, daß kreative Prozesse bis zu einem gewissen Grade inhaltsunabhängig sind. Deshalb soll die Transferwirkung eines gutaufgebauten Kunstunterrichts groß sein.

14 »A creative person must do more than simply produce something that is novel or original in terms of his own life history. A truly creative individual therefore is rather rare, not primarily because he lacks appropriate experience to develop his creative potentialities, but because he is, by definiton, at such an extreme point of the distribution of creative potentialities that he is qualitatively discontinuous from persons exhibiting lesser degrees of creativity.«

15 Guilford hat bereits 1950 betont, daß sehr wesentliche Determinanten des schöpferischen Prozesses eher aus dem motivationalen Bereich entstammen

als dem der eigentlichen Denkfertigkeiten. (Guilford, J. P.: Creativity. In: American Psychologist 5, 1950, 444–454. Deutsch in Mühle, G., u. Schell, Ch.: Kreativität und Schule. München 1970, 13–36)

16 Es könnte der Eindruck entstehen, wir seien der Ansicht, daß Psychologie nichts mit normativen Systemen zu tun habe. Das wäre unrichtig. Die Psychologie ist sehr wohl in der Lage, die Entstehung von Normen zu untersuchen und zu formalisieren. Allerdings werden gegenwärtig keine Normen aufgrund psychologischer Erkenntnisse entwickelt, wenn wir davon absehen, daß psychologische Forschungen mit hohem Verbreitungsgrad (z. B. der Kinsey-Report oder Gesells Entwicklungspsychologische Studien) normativ wirken können.

17 Siehe dazu Sedlmayr, H.: Verlust der Mitte. 9. Aufl. Frankfurt, Berlin 1965

18 MacKinnon u. Hall (zitiert nach Barron, 1969) haben sich mit dieser sehr schwierigen Aufgabe intensiv beschäftigt. Ihr Verfahren, kreative Architekten zu finden, ist kennzeichnend für die Problematik des Ausleseverfahrens.

Fünf Architekten der Universität von Berkeley in Kalifornien wurden jeder einzeln gebeten, die 40 kreativsten Architekten der USA zu benennen. Dann sollten sie die ausgesuchten Personen hinsichtlich ihrer Kreativität beurteilen. Eine Arbeitsdefinition der Kreativität wurde für diese Beurteilung vorgegeben.

Die fünf Beurteiler nannten insgesamt 86 Personen. 13 davon wurden von allen Beurteilern genannt, 9 von vier, 11 von drei, 13 von zwei und 40 von je einem.

Da man nur 40 Personen für das living assessment einladen wollte, mußte ausgelesen werden. Deshalb wurden nur die 64 Personen, die die häufigsten Nennungen aufzuweisen hatten, angeschrieben. Die 40, die dann schließlich zusagten, unterschieden sich in ihrem durchschnittlichen Rangplatz hinsichtlich Kreativität nicht von denen, die nicht teilnehmen wollten.

Schließlich wurden noch die Herausgeber der größten amerikanischen Architekturzeitschrift gebeten, die 64 angeschriebenen Personen nach der vermuteten Kreativität in eine Rangreihe zu bringen. Es ergab sich wiederum kein signifikanter Unterschied zwischen den Teilnehmern und denen, die abgesagt hatten.

Die Teilnehmer des living assessments wurden schließlich mit der Aufgabe konfrontiert, sich selbst und die anwesenden Kollegen in eine Rangreihe hinsichtlich der Kreativität zu bringen. Diese Rangreihe korrelierte zu plus 0.88 mit der der Zeitschriftenherausgeber

19 »Die theoretischen Konstrukte sind nicht vollständig auf die Beobachtungssprache reduzierbare, theoretische Aussagen mit Anspruch auf empirisches Zutreffen, soweit sie jeweils empirisch bewährt bzw. bestätigt sind.« (zitiert nach Stapf u. Herrmann 1970)

20 Jung, Gesammelte Werke, Band 8, 1967

21 Freud, S.: Vorlesungen zur Einführung in die Psychoanalyse. Gesammelte Werke, Bd. 8, 1910. London 1943

22 Freud, S.: Totem und Tabu. Gesammelte Werke, Bd. 9, 1913. London 1940

23 Freud, S.: Über Psychoanalyse. Gesammelte Werke, Bd. 8, 1910. London 1943

24 »Alle kreativen Menschen, Künstler wie Politiker, verhalten sich in außergewöhnlichem Maße abstinent. Was mich betrifft, bin ich keinesfalls impotent, wie es scheinen mag, doch Menschen, die leicht kacken und sich an jeder Straßenecke hingeben, besitzen notgedrungen eine stark verminderte schöpferische Potenz. Nehmen Sie Leonardo da Vinci, Napoleon, Hitler. Sie alle haben ihrer Epoche einen Stempel aufgedrückt und waren nahezu impotent. Die physiologische Verausgabung ist eine oberflächliche Art, sich auszudrücken. Menschen, die zur physischen Liebe neigen, bringen überhaupt nichts zustande. Sie drücken sich bestenfalls durch ein bißchen kakken aus. Wenn Salvadore Dali schon einmal kackt, dann muß dafür auch ein millionenschwerer Check springen.« (DALI)

25 FREUD, S.: Die kulturelle Sexualmoral und die moderne Nervosität. Gesammelte Werke, Bd. 8, 1910. London 1943

26 FREUD, S.: Der Dichter und das Phantasieren. Gesammelte Werke, Bd. 7, 1907. London 1941

27 FREUD, S.: Der Witz und seine Beziehung zum Unbewußten. Gesammelte Werke, Bd. 6, 1905. London 1940

28 MEDNICK gibt vier Beispiele an, die allerdings nicht aus dem Test selbst stammen:

Example 1	rat	blue	cottage	answer	cheese
Example 2	railroad	girl	class	answer	working
Example 3	surprise	line	birthday	answer	party

29 »The ability to handel the more complex factors of the structure of intellect model depends, not only on the result of a rich curriculum stimulation, but also on the improvement of emotional and ego strength on the part of the child.« (GOWAN 1967)

30 Siehe dazu GORDON, J. E.: Personality and Behavior, Kapitel 8: The Socialisation of Thinking

Literatur

ADORNO, T. W., E. FRENKEL-BRUNSWIK, D. J. LEVINSON, R. N. SANFORD: The authoritarian personality. New York 1950

ANASTASI, A.: Differential Psychology. 3. Aufl. New York 1969, 413–448

ANDERSON, J. E.: Methods of child psychology. In: CARMICHAEL (Hrsg.): Manual of Child Psychology. New York 1954

AURIN, K.: Ermittlung und Erschließung von Begabungen im ländlichen Raum. In: Bildung in neuer Sicht. Schriftenreihe des Kultusministeriums Baden-Württemberg zur Bildungsforschung. Reihe A, Nr. 2. 1966

AUSUBEL, D. P.: Educational psychology. New York 1968

BARRON, F.: Originality in relation to personality and intellect. In: Journal of Personality 25, 1957, 730–742

BARRON, F.: Psychotherapy and creativity. In: NIELSON, S. G. (Hrsg.): Clinical Psychology: Proceedings of the XIV international congress of applied psychology, Bd. 4. Kopenhagen 1961

BARRON, F.: Creative person and creative process. New York 1969

BENNIS, W. G.: The temporary society. In: The Journal of Creative Behavior 3, 4, 1969, 223–242

BERLYNE, D. E.: Conflict, arousal, and curiosity. New York, Toronto, London 1960

BOHM, E.: Psychodiagnostisches Vademecum. Bern, Stuttgart 1967

BRIDGMAN, P. W.: The logic of modern physics. 3. Aufl. New York 1954

CATTELL, R. B.: The personality and motivation of the researcher from measurements of contèmporaries and from biographies. In: TAYLOR, C. F. (Hrsg.): Scientific Creativity. 3. Aufl. New York ,London, Sydney 1966

CICIRELLI, V. G.: Form of the relationship between creativity, IQ, and academic achievement. In: Journal of Educational Psychology 56, 6, 1965, 303–308

CLARK, J. W.: On facing the crisis of intellectual poverty. In: Journal of Creative Behavior 3, 4, 1969, 260–270

CRONBACH, L. J.: Essentials of psychological testing. New York 1960

CROPLEY, A. J.: Creativity and intelligence. In: British Journal of Educational Psychology 36, 1966, 259–266

CRUTCHFIELD, R. S.: Conformity and character. In: American Psychologist 10, 1955, 191–198

CRUTCHFIELD, R. S., D. KRECH, E. BALLACHEY: Individual in society. New York 1962

CRUTCHFIELD, R. S.: Conformity and creative thinking. In: GRUBER, G. T., T. GLENN, M. WERTHEIMER (Hrsg.): Contemporary approaches to creative thinking. New York 1964

CRUTCHFIELD, R. S.: Instructing the individual in creative thinking. In: New approach to individualizing instruction. Princeton, New York: Educational Testing Service, 1965, 13–25. Deutsch in: MÜHLE, G., Ch. SCHELL: Kreativität und Schule. München 1970, 116-128

DALI, S.: Da . . ., Da . . . Dali. Bremen 1966

DAVIS, G. A.: Training creativity in adolescence: a discussion of strategy. In: Journal of Creative Behavior 3, 1969, 95–104. Deutsch in: MÜHLE, G., CH. SCHELL: Kreativität und Schule. München 1970, 105–115

De Fleur, M. L., F. R. Westie: Verbal attitudes and overt acts; an experiment on the salience of attitudes. In: American Sociological Review 23, 1958, 667-673

Drevdahl, J. E.: Some developmental and environmental factors in creativity. In: Taylor, C. W .(Hrsg.): Widening horizons in creativity. New York 1964

Edwards, J. M. B.: Creativity: social aspects. In: Encyclopaedia of Social Sciences, Bd. 3. Free Press of Glencoe 1968, 442-455

Eisenmann, R., J. J. Platt, A. Darbes: Creativity, intelligence and achievement. In: Psychological reports 22, 1968, 749–754. Deutsch in: Mühle, G., Ch. Schell: Kreativität und Schule. München 1970, 85–104

Ewert, O. M.: Phantasie und Intelligenz bei Jugendlichen. Weinheim, Berlin 1967

Eysenck, H. J., S. Rachman: Neurosen. Berlin 1968

Feldhusen, J. F., T. Denny, C. F. Condon: Anxiety, divergent thinking and achievement. In: Journal of Educational Psychology 56, 1965, 40–45

Fetcher, I.: Arbeit. In: Bussiek, H. (Hrsg.): Veränderung der Gesellschaft – sechs konkrete Utopien. Frankfurt 1970

Flescher, E.: Anxiety and achievement of intellectually gifted and creatively gifted children. In: Journal of Psychology 36, 1963, 251–268. Deutsch in: Mühle, G., Ch. Schell: Kreativität und Schule. München 1970

Flugblatt: Rettet Timothy Leary! Zürich 1971

Freeman, F. S.: Theory and practice of psychological testing. New York 1966

Freud, S.: Die Traumdeutung. Gesammelte Werke, Bd. 2/3, 1900. London 1942

Freud, S.: Der Dichter und das Phantasieren. Gesammelte Werke, Bd. 7, 1907. London 1941

Freud, S.: Der Witz und seine Beziehung zum Unbewußten. Gesammelte Werke, Bd. 6, 1905. London 1940

Freud, S.: Vorlesungen zur Einführung in die Psychoanalyse. Gesammelte Werke, Bd. 8, 1910. London 1943

Freud, S.: Über Psychoanalyse. Gesammelte Werke, Bd. 8, 1910. London 1943

Freud, S.: Die kulturelle Sexualmoral und die moderne Nervosität. Gesammelte Werke, Bd. 8, 1910. London 1943

Freud, S.: Totem und Tabu. Gesammelte Werke, Bd. 9, 1913. London 1940

Freud, S.: Die Verdrängung. Gesammelte Werke, Bd. 10, 1917. London 1946

Freud, S.: Das Ich und das Es. Gesammelte Werke, Bd. 13, 1923. London 1941

Freud, S.: Hemmung, Symptom und Angst. Gesammelte Werke, Bd. 14, 1926. London 1948

Frierson, E. C.: The gifted. In: Review of Educational Research 39, 1969, 25–37. Deutsch in: Mühle, G., Ch. Schell: Kreativität und Schule. München 1970

Gallagher, J. J., W. Rogge: The gifted. In: Review of Educational Research 36, 1966, 37–55

Galton, F.: Hereditary genius. New York 1870

Gehlen, A.: Anthropologische Forschung. Hamburg 1961

Getzels, J. W., P. W. Jackson: Creativity and intelligence. London, New York 1962

Ghiselin, B.: The creative process. A Symposium. Berkeley, Los Angeles 1954

Goldmann, R. J.: The Minnesota Tests of Creative Thinking. In: Educational Results 7, 1964, 3–14

GORDON, J. W.: Personality and behavior. New York 1963
GORSON, P.: Das Prinzip Obszön. Hamburg 1969
GOWAN, J. C.: What makes a gifted child creative? – Four theories. In: GOWAN, DEMOS, TORRANCE (Hrsg.): Creativity – its educational implications. New York, London, Sydney 1967
GROTE, J., G. HAJEK, U. HENNING, E.-U. HOFF, A. KOCH, P. M. ROEDER, C. SCHOPPEN, H. SIEVERS, K. TREUMANN: Untersuchungen zur Kreativität. Zeitschrift für Pädagogik 15, 2, 1969, 135–171
GUILFORD, J. P.: Creativity. In: American Psychologist 5, 1950, 444–454. Deutsch in: MÜHLE, G., CH. SCHELL: Kreativität und Schule. München 1970, 13–36
GUILFORD, J. P.: Personality. New York 1959
GUILFORD, J. P.: Zero correlations among tests of intellectual abilities. In: Psychological Bulletin 61, 1964, 401-404
GUILFORD, J. P.: The nature of human intelligence. 12. Aufl. New York, St. Louis, San Francisco, Toronto, Sydney 1967
HAECKEL, E.: Natürliche Schöpfungsgeschichte. Leipzig 1920
HARTMANN, R. P.: Sechzehn Maler zeichnen unter LSD. In: Die Brücke. Hauszeitsschrift der pharmazeutisch-medizinischen Abteilung der Farbwerke Hoechst, Nr. 40. 1970
HASKELL, F.: Patrons and painters: a study in the relations between Italian art and society in the age of the baroque. New York 1963
HITT, W. D.: Toward a two-factor theory of creativity. In: Psychological Record 15, 1965, 133-140
HÖHN, E., C. P. SCHICK: Das Soziogramm. 2. Aufl. Hogrefe, Göttingen 1964
HÖHN, E.: Der schlechte Schüler. München 1969
HÖRMANN, H.: Theoretische Grundlagen der projektiven Tests. In: HEISS, R. (Hrsg.): Handbuch der Psychologie, Bd. 6, Psychologische Diagnostik. Göttingen 1964
HÖRMANN, H.: Psychologie der Sprache. Berlin, Göttingen, Heidelberg 1967
HOFFMANN, W.: Universität, Ideologie und Gesellschaft. Frankfurt 1969
HOFSTÄTTER, P. R.: Die beiden Wissensbegriffe in der Psychologie. In: Jahrbuch für Psychologie und Psychotherapie 2, 1954
HOFSTÄTTER, P. R., D. WENDT: Quantitative Methoden der Psychologie. München 1966
HOLZKAMP, K.: Theorie und Experiment in der Psychologie. Berlin 1964
HOLZKAMP, K.: Zum Problem der Relevanz psychologischer Forschung für die Praxis. In: Psychologische Rundschau 1, 1970, 1-22
HOLZKAMP, K.: Wissenschaftstheoretische Voraussetzungen kritisch emanzipatorischer Psychologie (Teil 1). In: Zeitschrift für Sozialpsychologie 1, 1970, 5-21
HORN, W.: Leistungsprüfsystem. Göttingen 1962
JACOBI, J.: Die Psychologie von C. G. Jung. 2. Aufl. Zürich 1945
JENKINS, J. J.: The change in some American word association norms in the twentieth century. In: Proceedings of the XV International Congress in Psychology, 1957. Amsterdam 1959, 583-584
JUNG, C. G.: Über die Beziehungen der analytischen Psychologie zum dichterischen Kunstwerk (Vortrag von 1930). In: C. G. Jung: Seelenprobleme der Gegenwart. Zürich 1956
JUNG, C. G.: Psychologische Typen. Zürich 1960

JUNG, C. G.: Die Dynamik des Unbewußten. Gesammelte Werke, Bd. 8. Zürich, Stuttgart 1967

KAMINSKI, G.: Verhaltenstheorie und Verhaltensmodifikation. Stuttgart 1970

KERBS, D.: Sieben Thesen zur politischen Kritik der Kreativitätstheorie. In: Kunst und Unterricht 7, 1970

KOESTLER, A.: The act of creation. London 1964. Deutsch (1. Teil): Der göttliche Funke. Bern, München, Wien 1966

KOGAN, N., T. MORGAN: Task and motivational influences on the assessment of creative and intellective ability in children. Educational Testing Service. Princeton, New Jersey 1967

KRIS, E.: Psychoanalytic Explorations in Art. New York 1952

KUBIE, L. S.: Neurotische Deformation des schöpferischen Prozesses. Reinbek 1966

LANDAU, E.: Psychologie der Kreativität. München, Basel 1969

LEARY, T.: The effects of test score feedback on creative performance and of drugs on creative experience. In: TAYLOR, C. W. (Hrsg.): Widening horizons in creativity. New York 1964

LEARY, T.: Politik der Ekstase. Hamburg 1970

LOWENFELD, V.: Vom Wesen schöpferischen Gestaltens. Frankfurt a. M. 1960

LÜTHKENS, C.: Die Schule als Mittelklasseninstitution. In: Kölner Zeitschrift für Soziologie und Sozialpsychologie, Sonderheft 4, HEINTZ, P. (Hrsg.): Soziologie der Schule. 1959

MCCLELLAND, D. C., J. F. STURR, R. N. KNAPP, H. W. WENDT: Obligations to self and society in the United States and Germany. In: Journal of abnormal and social psychology 56, 1958, 245–255

MCCLELLAND, D. C.: Die Vereinigten Staaten und Deutschland. In: Motivation und Kultur. Bern, Stuttgart 1967

MACKINNON, D. W.: Creativity: Psychological aspects. In: International Encyclopaedia of Social Sciences, Bd. 3. 1968

MASLOW, A. H.: Creativity in self-actualizing people. In: ANDERSON, A. H. (Hrsg.): Creativity and its cultivation. 1959

MEDNICK, S. A.: The associative basis of the creative process. Psychological Review 69, 3, 1962, 220–232

MEDNICK, S. A., J. P. HOUSTON: Creativity and the need for novelty. In: Journal of abnormal and social psychology 66, 2, 1963, 137–141

MEDNICK, S. A., M. T. MEDNICK, C. G. JUNG: Continual associations as a function of level of creativity and type of verbal stimulus. In: Journal of abnormal and social psychology 69, 5, 1964, 511-515

MEDNICK, S. A., M. T. MEDNICK: An associative interpretation of the creative process. In: TAYLOR, C. W.: Widening horizons in creativity. New York 1964

METZGER, W.: Psychologie. Darmstadt 1954

MICHEL, L.: Allgemeine Grundlagen psychometrischer Tests. In: HEISS, R. (Hrsg.): Psychologische Diagnostik. Göttingen 1964

MITTENECKER, E.: Planung und statistische Auswertung von Experimenten. Wien 1964

MOSER, U., I. VON ZEPPELIN, W. SCHNEIDER: Computer Simulation eines Modells neurotischer Abwehrmechanismen: ein Versuch zur Formalisierung der psychoanalytischen Theorie (klinischer Teil). Bulletin 2 des Psychologischen Instituts der Universität Zürich. Zürich 1968

MOSER, U., I. VON ZEPPELIN, W .SCHNEIDER: Computer simulation of a model of neurotic defense processes. In: Behavioral Sciences 15, 2, 1970, 194–202
MÜHLE, G.: Definitons- und Methodenprobleme der Begabtenforschung. In: ROTH, H. (Hrsg.): Begabung und Lernen. Stuttgart 1969
MÜHLE, G., CH. SCHELL: Kreativität und Schule. München 1970
OLÉRON, P:. Les composantes de l'intelligence. Paris 1957
PLACK, A.: Die Gesellschaft und das Böse. Frankfurt, Berlin 1968
PRIESTER, J. H.: Intelligenztests für Erwachsene. In: Handbuch der Psychologie, Bd. 6: Psychologische Diagnostik. Göttingen 1963
RANGELL, L.: The scope of intrapsychic conflict. In: Psychoanalytic study of the child 75, 1963
RANK, O.: Der Künstler. 3. Aufl. Leipzig, Wien, Zürich 1925
RAPAPORT, D.: Toward a theory of thinking. In: RAPAPORT, D. (Hrsg.): Organization and pathology of thought. 3. Aufl. New York 1959 (1. Aufl. 1951)
RAPAPORT, D.: Die Struktur der psychoanalytischen Theorie. Stuttgart 1952
REICH, W.: Charakteranalyse. o. O. 1933
RIESMAN, D., R. DENNEY, N. GLAZER: Die einsame Masse. Reinbek bei Hamburg 1961
RIPPLE, R. E., F. B. MAY: Caution in comparing creativity and IQ. In: Psychological Reports 10, 1962, 229–230
ROBERT, M.: Die Revolution der Psychoanalyse. Frankfurt 1967
RORSCHACH, H.: Psychodiagnostik. Bern 1951 (1. Aufl. 1921)
ROSENZWEIG, M. R.: Word associations of French workmen: Comparison with associations of French students and American workmen and students. In: Journal of verbal learning and verbal behavior 3, 1964, 57–69
ROTH, H. (Hrsg.): Begabung und Lernen. Stuttgart 1969
ROTH, H.: Einleitung und Überblick. In ROTH, H. (Hrsg.): Begabung und Lernen. Stuttgart 1969, 17–67
RUEBUSH, B. K., M. BYRAM, L. J. FARNHAM: Problem solving as a function of children's defensiveness and parental behavior. In: Journal of abnormal and social psychology 67, 1963, 355–362
RUSSELL, W. A., O. R. MESECK: Der Einfluß der Assoziation auf das Erinnern von Worten in der deutschen, französischen Sprache. In: Zeitschrift für Experimentelle und Angewandte Psychologie 6, 1959, 191–211
RUSSELL, W. A., J. J. JENKINS: The complete Minnesota norms for responses to 100 words from the Kent-Rosanoff word-association test. Technical Report No. 11. Minneapolis: Univ. of Minnesota. 1954
SARASON, I. G.: Test anxiety and the intellectual performance of college students. In: Journal of educational psychology 52, 4, 1961, 201-206
SCHACHTER, S.: The psychology of affilation. Stanford 1959
SCHELL, C., G. SCHUSSER: Zusatzbemerkungen zur Rezension des Buches von G. ULMANN. In: Zeitschrift für Pädagogik 15, 2, 1969, 230–231
SEDLMAYR, H.: Verlust der Mitte. 9. Aufl. Frankfurt, Berlin 1965
STAPF, K. H., T. HERRMANN: Über theoretische Konstruktionen in der Psychologie. In: Berichte aus dem Institut für Psychologie der Phillips-Universität in Marburg-Lahn, Nr. 24. 1970
STRAUS, M. A.: Communication, creativity and problem-solving ability of middle- and working-class families in three societies. In: The American Journal of Sociology 73, 1967/68, 417-430
SÜLLWOLD, F.: Problemfragebogen für Jugendliche. Göttingen 1967

TAYLOR, J. A.: A personality scale of manifest anxiety. In: Journal of Abnormal and Social Psychology 48, 1953, 285–290
TAYLOR, C. W. (Hrsg.): Widening horizons in creativity. New York 1964
THORNDIKE, R. L.: Some methodological issues in the study of creativity. In: ANASTASI, A. (Hrsg.): Testing problems in perspective. New York 1966
THURSTONE, L. L., T. G. THURSTONE: The Chicago tests of primary mental abilities. Chicago 1943
TORRANCE, E. P.: Guiding creative talent. Prentice-Hall, Englewood Cliffs, New Jersey 1962
TORRANCE, E. P.: Rewarding creative behavior. Englewood Cliffs 1965
TORRANCE, E. P.: Neue Item-Arten zur Erfassung kreativer Denkfähigkeit. In: INGENKAMP, K., TH. MARSOLEK (Hrsg.): Möglichkeiten und Grenzen der Testanwendung in der Schule. Weinheim, Berlin, Basel 1968
TORRANCE, E. P.: The research edition of the Torrance Tests of creative thinking. Princeton, New Jersey 1969
TURNER, B. B.: Philosophy and the science of behavior. New York 1967
UEBERLA, K.: Faktorenanalyse. Berlin, Heidelberg, New York 1968
ULMANN, G.: Kreativität. Weinheim, Berlin 1968
VERNON, P. E.: Creativity and intelligence. Educational Research 6, 1964, 163 bis 169
WALLACH, M. A., N. KOGAN: Modes of thinking in young children. New York, London 1966
WERTHEIMER, M.: Produktives Denken. 2. Aufl. Frankfurt 1959
YAMAMOTO, K.: Creativity and unpredictability in school achievement. In: Journal of Educational Research 60, 7, 1967, 321-325
YAMAMOTO, K.: Educational achievement of highly creative students: Threshold of intelligence. In: Research Memorandum BER, 61-5. 1961

Personen- und Sachverzeichnis

Die *kursiv* gesetzten Zahlen beziehen sich auf das Literaturverzeichnis.

Auf den folgenden Seiten finden Sie eine Auswahl der bis Frühjahr 1972 erschienenen Bände. Die angegebenen Preise können sich nach wirtschaftlicher Notwendigkeit ändern.

»Das Wissenschaftliche Taschenbuch«

Abteilung Geisteswissenschaften:

Emanzipation und Freiheit. 392 Seiten. Von Prof. Dr. phil. Günter Rohrmoser, Pädagogische Hochschule Münster/Westf. und Universität Köln. Neuzeit und Emanzipation – Aufklärung und Offenbarungsglaube – Pietismus und Aufklärung – Theologie und Gesellschaft – Metaphysik und Subjektivität – Emanzipation und Religion – Metaphysik – Vollendung und Ende der Emanzipation. (Ge-1) DM 38,–

Shakespeare. Erfahrung der Geschichte. 136 Seiten. Von Prof. Dr. Günter Rohrmoser, Professor für Philosophie an der Pädagogischen Hochschule Münster/Westf. und an der Universität Köln. Königtum und Profanität – Die Welt ist aus den Fugen – Gesellschaft und Pathologie – Glück und Entzauberung – Geschichte und Traum. (Ge-2) DM 16,–

Die Krise der Institutionen. 96 Seiten. Von Prof. Dr. Günter Rohrmoser, Professor für Philosophie an der Pädagogischen Hochschule Münster/ Westf. und der Universität Köln. – Erfolg der Emanzipation – Anarchismus oder Stalinismus – Politisierung der Wissenschaften – Wissenschaft und Gesellschaft – Maoismus als Modell – Ende des Christentums? (Ge-3) DM 9,–

Emotionspsychologie. Ein Beitrag zur empirischen Dimensionierung emotionaler Vorgänge. 320 Seiten, 12 Abbildungen und 7 Tabellen. Von Dr. Ernst Heinrich Bottenberg, Wissenschaftlicher Assistent am Psychologischen Institut I der Universität Würzburg. – Grundproblematik – Lust und Unlust – Psychophysische Aktivierung – Physiologische Reaktionsmuster – Störung und Förderung des Verhaltens – Sprache und Kognition – Tiefe der Emotion – Ausdruck – Empirische Dimensionssysteme – Arbeitskonzeption. (Ge-4) DM 38,–

Vorläufer der Massenpresse. Ökonomie und Publizistik zwischen Reformation und Französischer Revolution. Öffentliche Kommunikation im Zeitalter des Feudalismus. 160 Seiten. Von Prof. Dr. Kurt Koszyk, Professor für Publizistikwissenschaft an der Universität Bochum. – Historische Bedingungen der sozialen Kommunikation – Die Idee der Pressefreiheit im gesellschaftlichen Wandel – Ökonomie und Kommunikation im 16. Jh. – Soziale Bedingungen der Zeitungsentstehung – Kommunikation der gelehrten Welt – Das publizistische System des Merkantilismus – Journalismus im 18. Jh. – Kommunikation und bürgerliches Selbstbewußtsein – Revolutionspublizistik. (Ge-5) DM 18,–

Kreativität. Untersuchungen zu einem problematischen Konzept. 168 Seiten, 5 Abbildungen und 24 Tabellen. Von Rainer Krause, Wissenschaft-

WILHELM GOLDMANN VERLAG IN MÜNCHEN

licher Assistent am Psychologischen Institut der Universität Zürich. – Sozialpsychologische Perspektive – Methoden der Messung – Abgrenzung zur Testintelligenz – Kreativitätstheorien – Empirische Untersuchungen – Zusammenhänge mit schulischen Denk- und Interaktionsstilen – Kreativität und Elternhaus. (Ge-6) DM 22,–

Mythos – Neuplatonismus – Mystik. Studien zur Gestaltung des Alkestisstoffes bei Hugo von Hofmannsthal, T.S. Eliot und Thornton Wilder. 240 Seiten. Von Dr. Ortwin Kuhn, Wissenschaftlicher Assistent am englischen Seminar der Universität München. – Neuplatonismus als Bildungserlebnis – Mythensynkretismus und Rezeptionsästhetik – Die Identitätsproblematik: C.G. Jung – F.H. Bradley – Weltanschauung und Literaturkritik – Theodizee und Eschatologie. (Ge-7) DM 30,–

Paul Rohrbach und das »Größere Deutschland«. Ethischer Imperialismus im Wilhelminischen Zeitalter. Ein Beitrag zur Geschichte des Kulturprotestantismus. 312 Seiten mit 2 Karten der deutschen Afrika-Kolonien. Von Dr. Walter Mogk. Wissenschaftlicher Assistent am Historischen Seminar der Universität München. – Baltisches Erbe – Von der lutherischen Orthodoxie zum sozial-liberalen Christentum – Von der Geographie zur Kolonialwissenschaft – Der Evangelisch-soziale Kongreß – »Deutschland unter den Weltvölkern« – Kolonialherrschaft und Kolonialwirtschaft in Deutsch-Südwestafrika u.a. (Ge-8) DM 35,–

Karl Marx – Wesen und Existenz des Menschen. Ansätze zur kritischen Erörterung seiner Anthropologie. 104 Seiten. Von Ursula Müller-Herlitz M. A., Wissenschaftliche Assistentin am Institut für Philosophie der Universität Bochum. – Humanismus als Leidenschaft – Anthropologie und Geschichtstheorie – Realer Humanismus – Kritische Rezeption der Marxschen Anthropologie in neuerer Literatur. (Ge-9) DM 9,–

Sprache und Gehirn – Elemente der Kommunikation. Zu einem kybernetischen Modell der menschlichen Nachrichtenverarbeitung. 176 Seiten, 24 Abbildungen. Von Dr. Hermann Schnabl, z.Z. Wissenschaftlicher Assistent am Seminar für Wirtschaft und Gesellschaft Südosteuropas der Universität München. – Die Kommunikationskanäle – Die Sprache – Das kybernetische Modell der intrapersonalen Informationsverarbeitung – Das Gedächtnis. (Ge-10) DM 22,–

Matthias Grünewald – Mensch und Weltbild. 248 Seiten, 26 Text- und Tafelabbildungen. Von Dr. Bernhard Saran, Feldafing bei Starnberg. – Das Nachlaß-Inventar – Der Kemenatenprozeß. – Der Heller-Altar. (Ge-11) DM 36,–

WILHELM GOLDMANN VERLAG IN MÜNCHEN

Abteilung Soziologie:

Der »wohlhabende« Arbeiter in England. Von John H. Goldthorpe/Prof. David Lockwood/Frank Bechhofer/Jennifer Platt.

Band I: Industrielles Verhalten und Gesellschaft. 240 Seiten, 83 Tabellen. (So-1) DM 28,–

Band II: Politisches Verhalten und Gesellschaft. 112 Seiten, 44 Tabellen. (So-2) DM 14,–

Band III: Der »wohlhabende« Arbeiter in der Klassenstruktur. 288 Seiten, 25 Tabellen. (So-3) DM 36,–

Selbstmord. Soziologie – Sozialpsychologie – Psychologie. 192 Seiten, 19 Übersichten. Von Dipl.-Sozialwirt Christa Braun. (So-4) DM 24,–

Schulreform. Daten – Fakten – Analysen. 304 Seiten. Von Prof. Dr. Walter Ludwig Bühl. (So-5) DM 39,–

Ökologie. Mensch – Umwelt. 216 Seiten. Von Prof. Harold Sprout. (So-6) DM 26,–

Psychagogik im Strafvollzug. 184 Seiten, 17 Abbildungen, 22 Tabellen. Von Dr. Balthasar Gareis. (So-7) DM 28,–

Politisches Bewußtsein der Frauen. Eine Sekundäranalyse empirischer Materialien. 160 Seiten, 39 Tabellen. Von Dr. Margarete Heinz. (So-8) DM 20,–

Die soziale Situation der psychisch Behinderten. 136 Seiten. Von Dr. Peter Runde. (So-9) DM 16,–

Wirtschaftliche Entwicklung und Sozialer Wandel. Die Dritte Welt im sozioökonomischen Modell. 136 Seiten. Von Dr. Peter K. Schneider. (So-10) DM 18,–

Soziologische Theorie und Psychoanalyse. Freuds Begriff der Verdrängung und seine Rezeption durch Parsons. 120 Seiten. Von Dr. Heinrich Kunze. (So-11) DM 18,–

Psychologie im Strafvollzug. Analysen und Reformvorschläge. 176 Seiten, 22 Tabellen. Von Dipl.-Psych. Dr. Georg Wagner. (So-12) DM 22,–

Abteilung Medizin:

Physiologie der Sinneshemmung. 224 Seiten, 188 Abbildungen. Von Prof. Dr. Georg von Békésy, Nobelpreisträger 1961. (Me-1) DM 30,–

Abteilung Medizin (Fortsetzung):

Behandlung kindlicher Verhaltensstörungen. 3. Auflage. 128 Seiten. Von Dipl.-Psych. Irmela Florin und Dr. phil. Wolfgang Tunner. (Me-2) DM 9,–

Genetik. Moderne Medizin und Zukunft des Menschen. 136 Seiten, 35 Abbildungen und 6 Tabellen. Von Prof. Dr. med. Walter Fuhrmann. (Me-3) DM 14,–

Psychoanalyse und Seelsorge. 2. Auflage. 128 Seiten. Von Dr. med. Walter Leodegar Furrer. (Me-4) DM 14,–

Beleuchtung und Sehen am Arbeitsplatz. 224 Seiten, 84 Abbildungen und 8 Tabellen. Von Prof. Dr. rer. nat. Erwin Hartmann. (Me-5) DM 28,–

Hormonale Kontrazeption. 304 Seiten, 15 Tabellen. Von Priv.-Doz. Dr. med. Dipl.-Chem. Friedrich Husmann. (Me-6) DM 29,–

Ganzkörper-Pethysmographie zur Messung des Zeit- und Schlagvolumens. 80 Seiten, 25 Abbildungen und 1 Tabelle. Von Priv.-Doz. Dr. med. Rudolf Juchems. Unter Mitarbeit von F. Hampl und Dr. U. Wertz. (Me-7) DM 10,–

Nierenübertragung und künstliche Niere. 104 Seiten, 31 Abbildungen. Von Prof. Dr. med. Ullrich Gessler. (Me-8) DM 12,–

Physikalische Umwelteinflüsse. 248 Seiten, 145 Abbildungen und 15 Tabellen. Von Prof. Dr. med. Gerhard Lehnert, Dr. med. Dieter Szadkowski und Klaus Peter Holzhauser. (Me-9) DM 31,–

Antibiose. 224 Seiten, 27 Abbildungen und 12, zum Teil farbige Tafeln. Von Dr. phil. Georg Meinecke. (Me-10) DM 32,–

Organverpflanzung. Ethische Probleme aus katholischer Sicht. 192 Seiten. Von Priv.-Doz. Dr. med. Wilfried Ruff S.J. (Me-11) DM 22,–

Immunbiologie. Eine Einführung. 352 Seiten, 284 Abbildungen und 58 Tabellen. Von Prof. Dr. med. Gerhard Uhlenbruck. (Me-12) DM 33,–

Diabetes mellitus in Praxis und Forschung. 456 Seiten, 105 Abbildungen und 23 Tabellen. Von Dr. med. Hasso Wandrey. (Me-13) DM 30,–; Ln. DM 40,–

Leber- und Gallenleiden. 128 Seiten, 26 Abbildungen. Von Prof. Dr. med. Rolf Erich Dohrmann. (Me-14) DM 18,–

Leberschäden durch Alkohol. 232 Seiten, 37 Abbildungen und 12 Tabellen. Von Dr. med. Learco Filippini. (Me-15) DM 32,–

WILHELM GOLDMANN VERLAG IN MÜNCHEN

Abteilung Naturwissenschaften:

Genregulation in der lebenden Zelle. 184 Seiten, 61 Abbildungen und 4 Tabellen. Von Prof. John A. V. Butler. (Na-1) DM 24,–

Struktur des Atomkerns. 108 Seiten, 9 Abbildungen und 4 Tabellen. Von Prof. Dr. Bernard L. Cohen. (Na-2) DM 10,–

Von Molekülen und Menschen. 96 Seiten. Von Prof. Dr. Francis Crick, Nobelpreisträger 1962. (Na-3) DM 10,–

Erdbebenvorhersage, Zusammenhang zwischen Gaskonzentration und Erdbeben. 80 Seiten, 25 Abbildungen. Von Prof. Dr. Werner Ernst. (Na-4) DM 10,–

Zahlentheorie. 136 Seiten. Von Prof. C. Stanley Ogilvy und John T. Anderson. (Na-5) DM 18,–

Physiologie niederer Tiere. Eine Einführung. 168 Seiten, 49 Abbildungen. Von Prof. Dr. James Arthur Ramsay. (Na-6) DM 22,–

Moderne Physik. 232 Seiten. Von Prof. Dr. W. R. Watson. (Na-7) DM 28,–

Die Geschichte der Naturwissenschaften. Von Prof. Stephen Toulmin und June Goodfield. In drei Bänden.

Band I: Modelle des Kosmos. 288 Seiten, 32 Abbildungen. (Na-8) DM 24,–

Band II: Materie und Leben. 424 Seiten, 40 Abbildungen. (Na-9) DM 39,–

Band III: Entdeckung der Zeit. 320 Seiten, 12 Abbildungen. (Na-10) DM 28,–

Isotope in der Chemie. 384 Seiten, 70 Abbildungen und 33 Tabellen. Von Prof. James Francis Duncan und Gerald Bernard Cook. (Na-11) DM 48,–

Doppelsterne. 200 Seiten, 35 Abbildungen. Von Priv.-Doz. Dr. Wulff Dieter Heintz. (Na-12) DM 24,–

Biochemie des Lebens. 272 Seiten, 24 Abbildungen und 6 Tabellen. Von Prof. Frederic Raphael Jevons. (Na-13) DM 34,–

Biogeographie der Inseln. 208 Seiten, 60 Abbildungen und 12 Tabellen. Von Robert Helmer Mac Arthur. (Na-14) DM 26,–

Vogelflug. 240 Seiten, 40 Abbildungen. Von Prof. Geoffrey Vernon Townsend Matthews. (Na-15) DM 30,–

WILHELM GOLDMANN VERLAG IN MÜNCHEN